歎異抄《たんにしょう》って
なんだろう

監修
高森顕徹

高森光晴
大見滋紀

1万年堂出版

はじめに

20世紀最大の哲学者《てつがくしゃ》ともいわれるハイデガーは、10年早く『歎異抄《たんにしょう》』を知ったら、哲学《てつがく》の歴史は変わっていただろうと、晩年の日記に記しています。

「今日《こんにち》、英訳を通じてはじめて東洋の聖者親鸞《しんらん》の歎異抄《たんにしょう》を読んだ。（中略）もし10年前にこんな素晴《すば》らしい聖者が東洋にあったことを知ったら、自分はギリシャ・ラテン語の勉強もしなかった。日本語を学び聖者の話しを聞いて、世界中に拡《ひろ》めることを生きがいにしたであろう。遅《おそ》かった。（中略）日本の人達《ひとたち》は何をしているのだろう。日本は戦いに敗《ま》けて、今後は文化国家として、世界文化に貢献《こうけん》するといっているが私をして云《い》わしむれば、立派な建物も美術品もいらない。なんにも要《い》らないから聖人《しょうにん》のみ教えの匂《にお》いのある人間になって欲《ほ》しい。商売、観光、政治家であっても日本人に触《ふ》れたら何かそこに深い教えがあるという匂《にお》いのある人間になって欲《ほ》しい。そしたら世界中の人々が、この教えの存在を知り、フランス人はフランス語を、デンマーク人はデンマーク語を通じてそれぞれこの聖者のみ教えをわがものとするであろう。そのとき世界の平和の問題に対する見通しがはじめてつく。21世紀文明の基礎《きそ》が置かれる」[＊1]

今も変わらず哲学者《てつがくしゃ》や思想家も強い関心を示す歎異抄《たんにしょう》は、約700年前、親鸞聖人《しんらんしょうにん》の教えを唯円《ゆいえん》というお弟子《でし》が書いた書籍《しょせき》と言われています。

されば歎異抄《たんにしょう》を理解するには、親鸞聖人《しんらんしょうにん》の教えられたことを知らなければなりません。

ハイデガーが、「世界の平和の問題に対する見通しがはじめてつく。21世紀文明の基礎《きそ》が置かれる」とまで絶賛する親鸞聖人《しんらんしょうにん》の教えには、一体、どんなことが教えられているのでしょうか。

「どんなに苦しくても、あきらめないで。

あなたはやがて、大きな幸せに恵《めぐ》まれるのだ。

人種、性別、年齢《ねんれい》、能力、貧富《ひんぷ》に関係なく、誰《だれ》もが平等に『人間に生まれて良かった』と、とてつもない大きな幸せになれるのだから」

これが親鸞聖人《しんらんしょうにん》の変わらぬメッセージでした。しかし、実際に、鎌倉時代《かまくらじだい》に親鸞聖人《しんらんしょうにん》が書き遺《のこ》された主著『教行信証《きょうぎょうしんしょう》』を読んでも何が書かれているか分かるのは、よほどの専門家のみです。

なぜならば、左のページでご覧の通り、
・漢字ばかりで書かれている
・仏教でしか使われない言葉がたくさん使われている
・分量が多い
からです。

ですから、よほどの学者でなければ挑《いど》む気持ちさえも起きないでしょう。

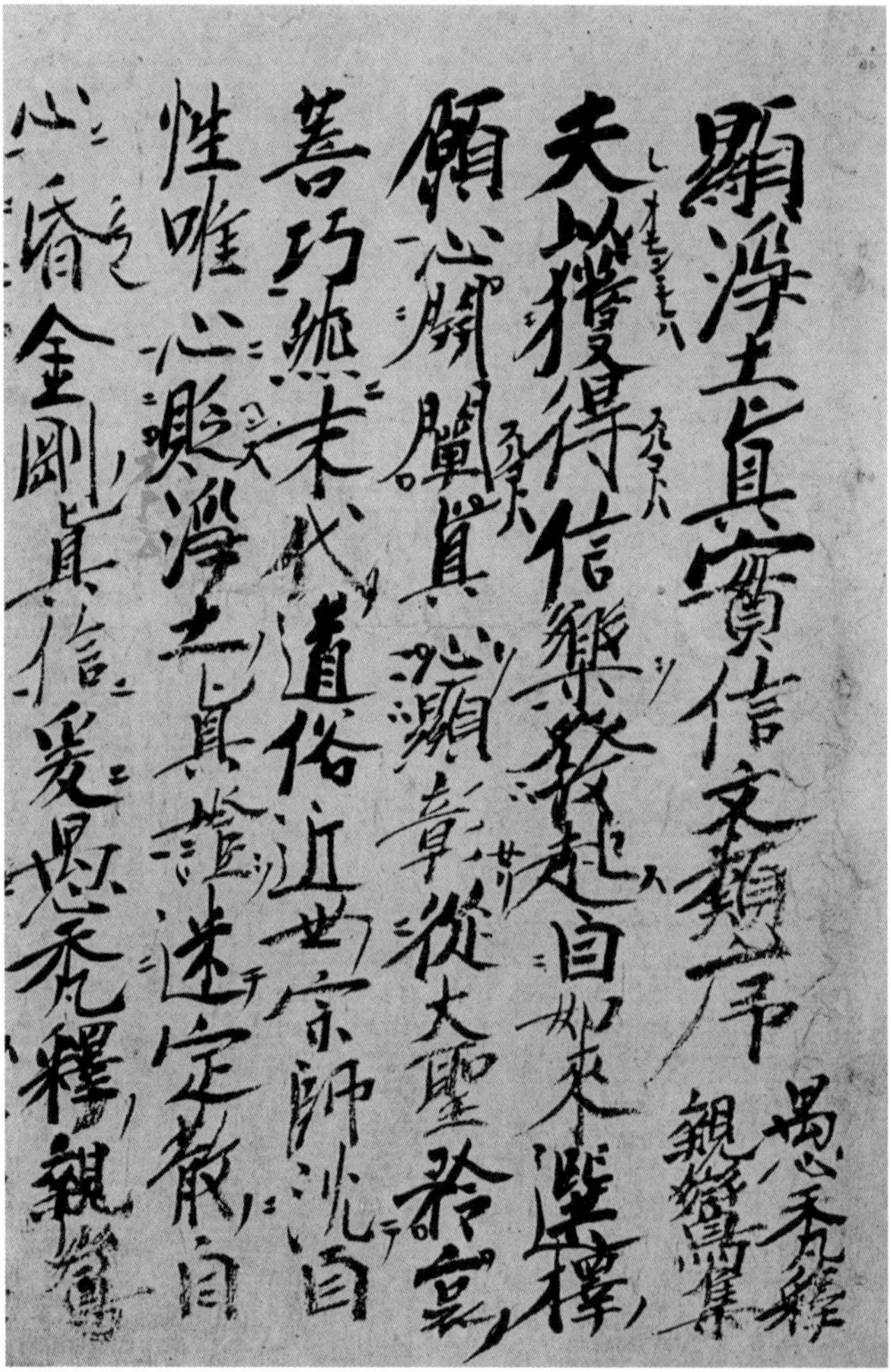

顯淨土眞實信文類三 序　愚禿釋親鸞集
夫以獲得信樂發起自如來選擇
願心開闡眞心顯彰從大聖矜哀
善巧然末代道俗近世宗師沈自
性唯心貶淨土眞證迷定散自
心昏金剛眞信爰愚禿釋親鸞

親鸞聖人直筆の教行信証、13世紀に書かれたもの

この親鸞聖人《しんらんしょうにん》が書かれた教行信証《きょうぎょうしんしょう》に比べて、親鸞聖人《しんらんしょうにん》のお弟子《でし》が書いたといわれる歎異抄《たんにしょう》（7ページ）は、

・仮名《かな》まじりである

・短い

・文章のリズムがよく、美文である

などの理由から、多くの人の手にとられるようになったのです。

教行信証《きょうぎょうしんしょう》よりも歎異抄《たんにしょう》の方が読みやすいといっても、何しろ700年も前に書かれた古文であり、仏教でしか使われない言葉が多く使われている為《ため》に、歎異抄《たんにしょう》を読む人は、長く仏教学者や、哲学者《てつがくしゃ》、文学者、知識人が中心でした。

しかし、歎異抄《たんにしょう》に書かれている内容は、古今東西のすべての人にとって、極《きわ》めて大事な事ですから、歎異抄《たんにしょう》ってなんだろう、と今日はじめて触《ふ》れる方

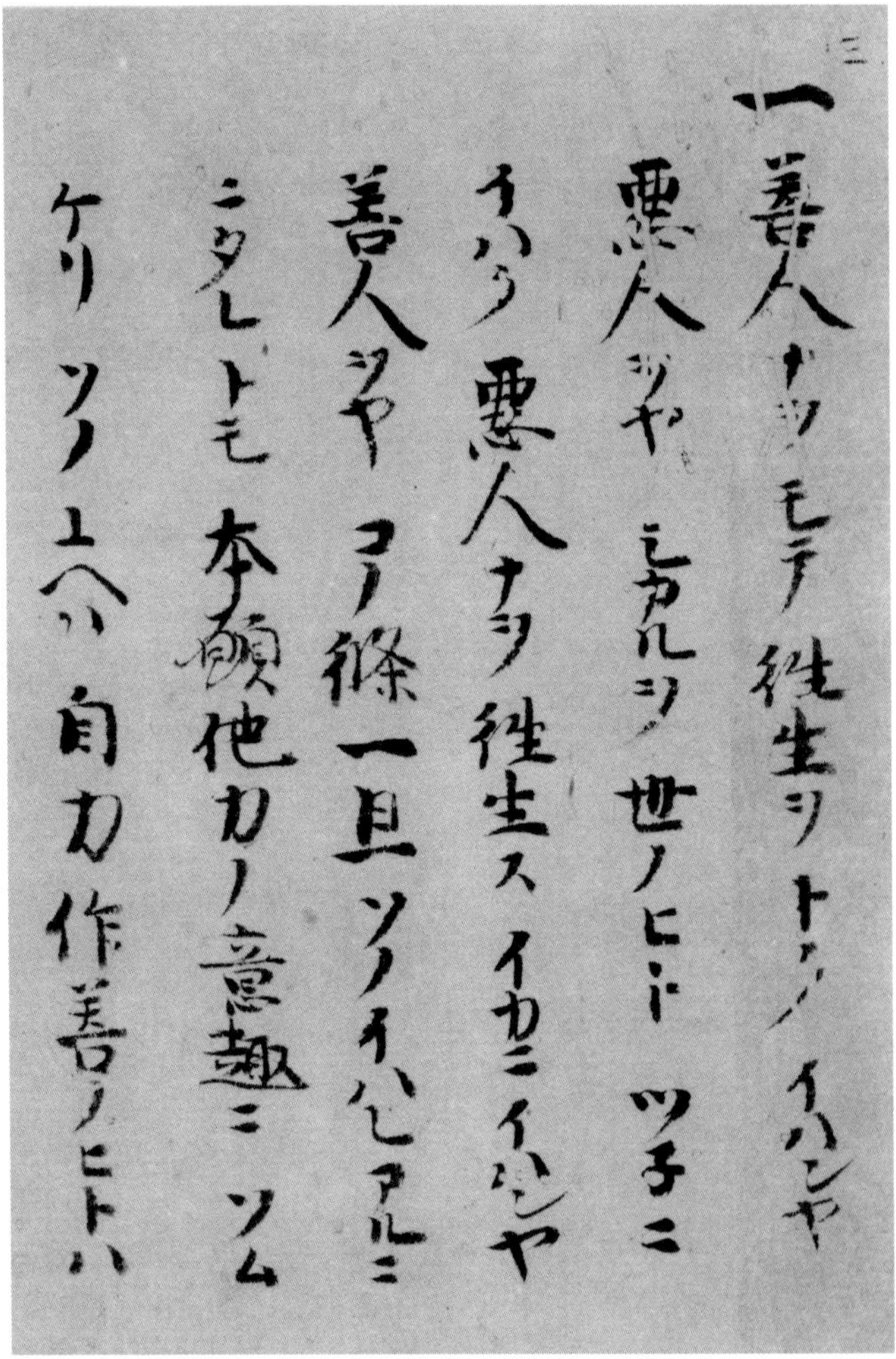

三
一 善人ナヲモテ往生ヲトク イハンヤ
悪人ヲヤ シカルヲ 世ノヒト ツネニ
イハク 悪人ナヲ往生ス イカニイハンヤ
善人ヲヤ コノ條一旦ソノイハレアルニ
ニタレトモ 本願他力ノ意趣ニ ソム
ケリ ソノユヘハ 自力作善ノヒトハ

歎異抄の一節（蓮如上人書写本）

に、せめてその大枠《おおわく》なりと知っていただけるように挑戦《ちょうせん》したのが本書です。

本来ならば、経典《きょうてん》や歎異抄《たんにしょう》の原文などを挙げないと、「本当にそれは、親鸞聖人《しんらんしょうにん》の教えなのか」と疑問を持たれる方もありましょう。

一方で、博学な方でも見慣れない仏教の言葉は、読みづらく感じるともお聞きします。

葛藤《かっとう》の末、あえて本書は経典《きょうてん》や歎異抄《たんにしょう》、親鸞聖人《しんらんしょうにん》の著作の原文の引用は避《さ》け、現代の表現に置《お》き換《か》えるようつとめました。

『歎異抄《たんにしょう》』原文に対応した現代語訳や、詳《くわ》しい解説を知りたい方は、巻末に紹介《しょうかい》する『歎異抄《たんにしょう》をひらく』をご覧になってください。

著者記す

歎異抄《たんにしょう》ってなんだろう

■目次

第1章　難病人

第2章　名医の案内者

第3章　名医

第4章　特効薬

第5章　全快

第6章　お礼

第7章 『歎異抄』冒頭の言葉

序章
世界を魅了する名著

時を超《こ》え届けられた、謎《なぞ》に満ちた美文

日本の古典の名著と言えば、『万葉集《まんようしゅう》』や『源氏物語《げんじものがたり》』を挙げる方もあると思います。しかし、あらゆる分野の知識人に語られ、最も多くの解説書が出版された古典で、『歎異抄《たんにしょう》』の右に出るものはないでしょう。

日本の3大随筆《だいずいひつ》『方丈記《ほうじょうき》』『徒然草《つれづれぐさ》』『枕草子《まくらのそうし》』に、勝《まさ》るとも劣《おと》らぬ格調高い名文として、多くの日本人に親しまれてきました。

歎異抄《たんにしょう》は鎌倉時代《かまくらじだい》の後期に著《あらわ》されました。貴族や知識階級のものであった仏教を、身分や性別に関係なく万人《ばんにん》にひらかれた、親鸞聖人《しんらんしょうにん》の生々しいお言葉が記されています。

「善人なおもって往生《おうじょう》を遂《と》ぐ、いわんや悪人をや」の1文などは、日本史や倫理学《りんりがく》の授業などで印象深く耳に残っている方も少なくないと思われます。流れるような文体や、古典の叙情的《じょじょうてき》美しさにとどまらず、善悪を超越《ちょうえつ》した深い人間観、死生観を訴《うった》えているところに、鮮烈《せんれつ》な特徴《とくちょう》があるといえましょう。

親鸞聖人《しんらんしょうにん》の教えを正しく知るには、その教えのすべてが記されている主著『教行信証《きょうぎょうしんしょう》』6巻を読む必要があります。しかし、6巻というボリュームと専門性の高さから、短編で名文の歎異抄《たんにしょう》が、明治時代に紹介《しょうかい》されるようになりました。

教行信証《きょうぎょうしんしょう》が漢字ばかりで著《あらわ》されているのに対して、歎異抄《たんにしょう》が仮名《かな》まじりで記されていることも親しみやすい要因といえるでしょう。

〝親鸞《しんらん》思想《しそう》〟の格好《かっこう》の入門書として、爆発的《ばくはつてき》に愛読者が現れ、仏教学者はもちろん、作家や哲学者《てつがくしゃ》、思想家に至るまで、その美しく、かつ常識を覆《くつがえ》すような衝撃的《しょうげきてき》な文章に魅了《みりょう》されていきました。

無人島に1冊の本を持っていくとしたら歎異抄《たんにしょう》だ、と言ったのは、作家の司馬遼太郎《しばりょうたろう》でした。次のように語っています。

「死んだらどうなるかが、わかりませんでした。

人に聞いてもよくわかりません。

仕方がないので本屋に行きまして、親鸞聖人《しんらんしょうにん》の話を弟子《でし》がまとめた『歎異《たんに》抄《しょう》』を買いました。（中略）読んでみると真実のにおいがするのですね。

人の話でも本を読んでも、空気が漏《も》れているような感じがして、何かうそだなと思うことがあります。

『歎異抄《たんにしょう》』にはそれがありませんでした」[*2]

「13世紀の文章の最大の収穫《しゅうかく》の一つは、親鸞《しんらん》の『歎異抄《たんにしょう》』にちがいない」[*3]

（作家・司馬遼太郎《しばりょうたろう》）

「歎異抄《たんにしょう》よりも求心的な書物は恐《おそ》らく世界にあるまい。（中略）文章も日本文として実に名文だ。国宝と云《い》っていい」[*4]

（劇作家・倉田百三《くらたひゃくぞう》）

西洋哲学《せいようてつがく》を踏《ふ》まえたうえで、独自の思想を築き、日本を代表する哲学者《てつがくしゃ》になった西田幾多郎《にしだきたろう》も、歎異抄《たんにしょう》に強く引かれていた一人でした。

彼《かれ》の弟子《でし》たちは、先生は「東京・横浜《よこはま》が空襲《くうしゅう》に遭《あ》った際に、一切焼《いっさいや》け失《う》せても歎異抄《たんにしょう》が残ればよい」と語った、と伝えています。西田幾多郎《にしだきたろう》に師事して京都帝国大学《きょうとていこくだいがく》で学んだ哲学者《てつがくしゃ》、三木清《みききよし》も、万巻の中から、たった1冊を選ぶとしたら歎異抄《たんにしょう》をとる、と語ったといわれています。文芸や戯曲《ぎきょく》にも、こぞって歎異抄《たんにしょう》が取り上げられ、その思想は人文学のみならず、医学や科学の分野にまで波及《はきゅう》するほどの、一大ベストセラーとなっていきました。

室町時代に封印《ふういん》「理解の浅い人には読ませないように」

これだけ有名な歎異抄《たんにしょう》ですが、著者の名は記されていません。今日《こんにち》は親鸞聖人《しんらんしょうにん》の門弟《もんてい》の唯円《ゆいえん》というのが定説になっています。

たぐいまれな文章力と、仏教の深い学識の持ち主だったことは容易に推察されます。

歎異抄《たんにしょう》は18章の短文からなります。最初の10章は「ある時、親鸞聖人《しんらんしょうにん》はこう仰《おっしゃ》った」と、親鸞聖人《しんらんしょうにん》のお言葉を記述されたものです。

胸を揺《ゆ》さぶるような名文は、その場の空気が伝わってくるかのような、臨場感にあふれています。

11章から18章までは、親鸞聖人《しんらんしょうにん》の没後《ぼつご》、「オレの言うのが、本当の親鸞《しんらん》さまの教えだ」と、親鸞聖人《しんらんしょうにん》の教えと異なることを言いふらす者を、見過ごせなかった唯円《ゆいえん》が、親鸞聖人《しんらんしょうにん》のお言葉を明示して、泣く泣く筆をとって正したものです。

その点からは、11章以降が歎異抄《たんにしょう》の「異《こと》なるを歎《なげ》く」部分といえますが、今日《こんにち》はほとんど問題にならないことなので、親鸞聖人《しんらんしょうにん》のお言葉をそのまま記された10章までが、歎異抄《たんにしょう》の真髄《しんずい》といえましょう。

親鸞聖人《しんらんしょうにん》の正しい教えを鮮明《せんめい》にするために書《か》き遺《のこ》された歎異抄《たんにしょう》でしたが、皮肉にも後世《こうせい》、その教えを誤解・曲解させる要因ともなりました。

それは逆説的・衝撃的《しょうげきてき》表現の多い歎異抄《たんにしょう》なので、親鸞聖人《しんらんしょうにん》の教えを正しく理解できなかった人たちが、自分勝手な解釈《かいしゃく》をしたからに他なりません。

約500年前、親鸞聖人《しんらんしょうにん》の教えを日本全国に広く伝えた蓮如上人《れんにょしょうにん》は、歎異《たんに》抄《しょう》の、その危《あや》うさをいち早く感知され「仏教の理解の浅い人には、読ませせないように」と封印《ふういん》されました。

それが明治時代に解放されるや、近代化に戸惑《とまど》う青年たちが続々と歎異抄《たんにしょう》に魅了《みりょう》されていきました。

大正時代の一大ブームを経て戦争に突入《とつにゅう》し、死を身近に感じた昭和の人々にとって、心の拠《よ》り所《どころ》となっていったのです。

明治時代から現在までに出版された歎異抄《たんにしょう》と名のつく書籍《しょせき》は、５００冊にも上《のぼ》るといわれています。

知識ゼロから理解するには

しかし近年は、難しそうだと歎異抄《たんにしょう》を敬遠される方があるのは、古文に加えて見慣れぬ仏教の言葉が、ふんだんに使われているからでしょう。

例えば、歎異抄《たんにしょう》1章の冒頭《ぼうとう》には、次のように書かれています。

「弥陀《みだ》の誓願《せいがん》不思議《ふしぎ》に助《たす》けられまいらせて往生《おうじょう》をば遂《と》ぐるなり」と信《しん》じて「念仏申《ねんぶつもう》さん」と思《おも》いたつ心《こころ》のおこるとき、すなわち摂取不捨《せっしゅふしゃ》の利益《りやく》にあずけしめたまうなり。

（『歎異抄《たんにしょう》』第1章）

ご覧のように、冒頭《ぼうとう》から「弥陀《みだ》の誓願《せいがん》」で始まり、その後も仏教用語が続いています。

歎異抄《たんにしょう》は親鸞聖人《しんらんしょうにん》の教えを知っている前提で書かれたものです。

ですから、親鸞聖人《しんらんしょうにん》の教えの全体像が分からなければ、歎異抄《たんにしょう》も分からなくなります。

そこで、今日、はじめて歎異抄《たんにしょう》に触《ふ》れる方には、まず親鸞聖人《しんらんしょうにん》の教えの全体像を知っていただく事が、歎異抄《たんにしょう》の大枠《おおわく》を知るには、とても大事なことなのです。

では、親鸞聖人《しんらんしょうにん》の教えの全体像とは、どんなものなのでしょうか。

それは、そのまま歎異抄《たんにしょう》の全体像ともいえるものです。

親鸞聖人《しんらんしょうにん》の教えの全体像を理解する為《ため》の、例え話を紹介《しょうかい》したいと思います。

この例え話にそって、親鸞聖人《しんらんしょうにん》の教えの全体像を知り、歎異抄《たんにしょう》を読めば、世界を魅了《みりょう》する古典の名著を、グーッと身近に感じられるようになられるでしょう。

【歎異抄《たんにしょう》の全体像を理解する例え話】

【1】すべての医師から見放された難病人がいました。

【2】世界唯一《ゆいいつ》の名医の存在を教える案内者が現れました。

【3】名医は、「難病人の苦悩《くのう》の根元《こんげん》を突《つ》き止《と》め、治せなければ命を捨てる」と、誓《ちか》っていました。

【4】名医は、永い間、苦労を重ねて、遂《つい》に特効薬を完成されました。

【5】特効薬を飲んで難病が全快した患者《かんじゃ》は大変に喜びました。

【6】難病が完治した患者《かんじゃ》は、名医と案内者のご恩に深く感謝し、お礼を言わずにおれなくなりました。

それでは今から、【1】から【6】まで、何を例えているのか、歎異抄《たんにしょう》の全体像を解説していきましょう。

第1章

難病人——すべての人

←名医の案内者

←名医

←

第１章
難病人

← 特効薬 ← 全快 ← お礼

【1】すべての医師から見放された難病人がいました。

この、すべての医師から見放された難病人とは、古今東西の、すべての人を例えられているのです。

親鸞聖人《しんらんしょうにん》は、「すべての人は2つの難病で苦しんでいる悪人だ」と教えられています。

その2つの難病と言っても、「治らない難病」と、「完治する難病」があることを、詳細《しょうさい》に分けて説かれています。

この２つの難病の違《ちが》いを正確に理解することが、『歎異抄《たんにしょう》』を正しく知るには極《きわ》めて大事なことなのです。

治らない難病――欲《よく》、怒《いか》り、愚痴《ぐち》

まず、すべての人が侵《おか》されている治らない難病とは、どんな病か親鸞聖人《しんらんしょうにん》から お聞きしましょう。

親鸞聖人《しんらんしょうにん》はそれは、すべての人が生まれた時から侵《おか》されている「煩悩《ぼんのう》」という難病であると教えられています。

煩悩《ぼんのう》とは、字のとおり、私達《わたしたち》を常に煩《わずら》わせ悩《なや》ませるもので、一人ひとりに

●２つの難病

難病

1. 治らない難病

2. 治る難病

すべての人は、２つの難病にかかっている。
歎異抄の理解は、この２つの違いを正確に知ることに尽きる。

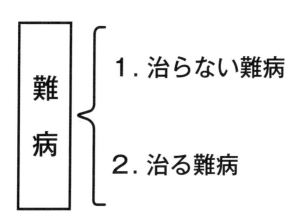

108あると、仏教で説かれています。大晦日《おおみそか》に除夜《じょや》の鐘《かね》を108回つくのも、ここに由来されます。

煩悩《ぼんのう》という言葉は歎異抄《たんにしょう》にも、たびたび出ているキーワードです。

108の煩悩《ぼんのう》の中でも、特に三毒《さんどく》の煩悩《ぼんのう》と言われるのは「欲《よく》」「怒《いか》り」「愚痴《ぐち》」の煩悩《ぼんのう》です。

限りなく広がる「欲《よく》の心」

第1の欲《よく》とは、無ければ無いで欲《ほ》しい、有ればあったでモットモットと、限りなく拡散していく煩悩《ぼんのう》です。

人間には、いろいろな欲があります。

なかでも深くて強いのは、食欲《しょくよく》・財欲《ざいよく》・色欲《しきよく》・名誉欲《めいよよく》・睡眠欲《すいみんよく》の「五欲《ごよく》」

でしょう。

食欲《しょくよく》は、「食べるだけが楽しみ」「仕事帰りの、1杯《ぱい》のために生きている」と寂《さび》しく笑う人もあるように、好きなものを食べたい、飲みたいという煩悩《ぼんのう》です。

一概《いちがい》に食欲《しょくよく》と言っても、この食欲《しょくよく》で私たちは、どんな言動をするか分かりません。

あまりに凄惨《せいさん》な話で気が引けますが、大戦中、南方の戦線で飢餓《きが》に迫《せま》られた兵士たちが、戦友を殺して人肉を食《く》らったと聞きます。

同じような状況《じょうきょう》に追《お》い込《こ》まれれば、食欲《しょくよく》が私たちを鬼《おに》にする、他人《ひと》ごととは思えぬ恐《おそ》ろしい欲でもあります。

次の財欲《ざいよく》は、金や物を求める心です。
どうすれば金を増やせるか、損をしないか、安くあげるにはどうすればいいか、つねに計算に必死です。

３つ目は色欲《しきよく》です。
恋愛《れんあい》はもちろん、不倫《ふりん》や三角関係の色恋沙汰《いろこいざた》などで、日々渦巻《うずま》いている愛欲です。

４番目は名誉欲《めいよよく》です。
褒《ほ》められたい、評価されたい、認められたいなどの心です。

５つ目の睡眠欲《すいみんよく》は、眠《ねむ》たい、楽がしたいという心です。

五欲

- 食欲
- 財欲
- 色欲
- 名誉欲
- 睡眠欲

人間を突き動かしている５つの欲。

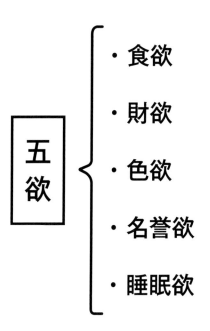

食欲《しょくよく》や睡眠欲《すいみんよく》がなくなれば、生きてはいけません。財欲《ざいよく》や名誉欲《めいよよく》がなくなれば、腑抜《ふぬ》けになってしまうでしょう。

だが一方で、自分は欲のために振《ふ》り回《まわ》されて、苦《くる》しみ悩《なや》んでいるのではないか、この欲さえなければ、どんなにか平静に過ごせるだろう……、と思います。

金や地位や家族が有っても苦しみは消えない

約２６００年前、インドで活躍《かつやく》し仏教を説かれた釈迦《しゃか》は、欲の実相《じっそう》を「田畑や家が無ければ、それらを求めて苦しみ、有れば管理や維持《いじ》のために苦しむ。その他一切《いっさい》も、有っても無くても苦しんでいるのは同じである」と、説かれています。

「田《た》なければ、また憂《うれ》いて、田《た》あらんことを欲《ほっ》し、宅《たく》なければ、また憂《うれ》いて、宅《たく》あらんことを欲《ほっ》す。田《た》あれば田《た》を憂《うれ》え、宅《たく》あれば宅《たく》を憂《うれ》う。牛馬《ごめ》・六畜《ろくちく》・奴婢《ぬび》・銭財《せんざい》・衣《え》食《じき》・什物《じゅうもつ》、また共《とも》にこれを憂《うれ》う。有無同《うむおな》じく然《しか》り」（釈迦《しゃか》）

牛馬《ごめ》・六畜《ろくちく》・奴婢《ぬび》・銭財《せんざい》・衣食《えじき》・什物《じゅうもつ》は、今日《こんにち》、馴染《なじ》みのない言葉でしょうが、一言で言うと、衣・食・住の財産のことをいわれています。

釈迦《しゃか》が「有無同《うむおな》じく然《しか》り」と言われているのは、金や財産、名誉《めいよ》や地位、家族など、無ければ無いで苦しみ、有ればあるで苦しむ。有る人も、無い人も、満たされず、不安や苦しみが絶えないのは、同じであるということです。

それを証明するかのように、「あの人が、どうして?」と思えるような、才能も金も人気もある有名人が自殺するニュースは、あとを絶ちません。

釈迦《しゃか》は、有る者は〝金の鎖《くさり》〟、無い者は〝鉄の鎖《くさり》〟に繋《つな》がれているとも言われています。

材質が金であろうと鉄であろうと、繋《つな》がれて苦しんでいることには、変わりはないのです。

〝無い苦しみなら分かるが、有る苦しみといわれても、どうもなぁ〟と、首を傾《かし》げる人もあるでしょう。

しかし、私たちも昔の人と比べれば相当「有る側の人」と言えるのではないでしょうか。

例えば江戸時代《えどじだい》までは、殿様《とのさま》が移動する最高の乗り物は籠《かご》でした。車も新幹線も飛行機もある今日《こんにち》と比べると、籠《かご》は夏は暑いし冬は寒い。ノロノロと一日中揺《ゆ》られて、移動距離《いどうきょり》も限られます。

馬を使えば速く行けたでしょうが、籠《かご》と同じで暑さや寒さも防げないし、風雨や雪にもさらされます。

今日《こんにち》の私たちは昔の殿様《とのさま》よりも、便利で快適な生活を送っていても、それほどの喜びは感じません。

いくら金や物、利便に恵《めぐ》まれていても、決して満たされない欲があるからと言えましょう。

欲《ほ》しいものが得られれば、一時は満足できますが、欲は無限ですから、その満足は、やがて不満に変わります。満たされなければ渇《かわ》き、満たせば2倍の度を増して渇《かわ》く。これが欲の実態でしょう。

我利我利《がりがり》は冷酷な人殺しの心

また、欲によって「我利我利《がりがり》」で罪を造ってしまいます。我利我利《がりがり》とは、我《が》（自分）の利《り》（利益）しか考えず、周りはどうなっていようとも……と、他人に背を向ける非情な心です。

金が欲《ほ》しい、物が欲《ほ》しい、褒《ほ》められたい、認められたい、もっともっと……と、自分の利益ばかりを求める。

限りない欲で他人が邪魔《じゃま》になると、「あいつさえいなければ」「こいつさえ消えてくれたら……」と、冷酷《れいこく》な人殺しの心が噴出《ふんしゅつ》します。

自分の欲のためには、親兄弟であれ、恩人であれ、友人であれ、恐《おそ》ろしいことを思ってしまうのです。

そんな本心を察知されぬよう、必死に隠《かく》しています。しかし、欲がもとで、言ってはならない事を言ったり、してはならない事をしたりして、他人に迷《めい》惑《わく》をかけ、恐《おそ》ろしい罪を造ります。その結果、苦しんだり後悔《こうかい》することもあるでしょう。

「怒《いか》りの心」は、欲を邪魔《じゃま》され現れる

このような欲が妨《さまた》げられると、出てくるのが怒《いか》りの煩悩《ぼんのう》です。

「あいつのせいで儲《もう》け損《そこ》なった」「こいつのせいで恥《はじ》かかされた」と、猛然《もうぜん》

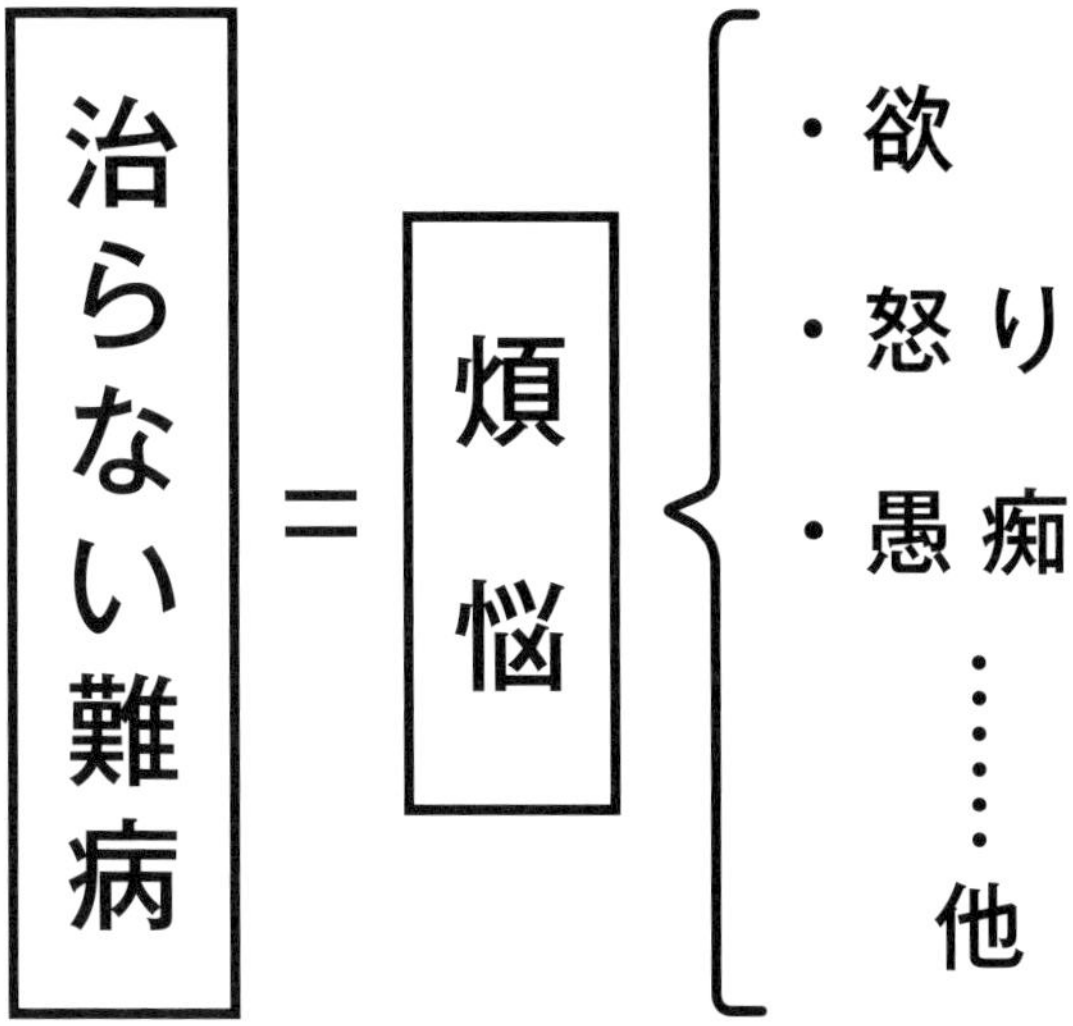

すべての人は108の煩悩の塊である。
時代・人種・年齢によって変わらない。
死ぬまで減りもしなければ無くなりもしない。

と怒《いか》りの炎《ほのお》が燃え上がります。

怒《いか》りのために言ってはならないことを言い、傷つけ罪をつくり、悔《く》やみ苦しんでいるのではないでしょうか。

他人の不幸をひそかに喜ぶ「愚痴《ぐち》の心」

次の愚痴《ぐち》の煩悩《ぼんのう》とは、仏教では、ねたみ、うらみの心をいいます。

「勝《まさ》るをねたむ」と言われるように、自分より優《すぐ》れた相手の、才能や美貌《びぼう》、金や財産、名誉《めいよ》や地位を決して快く思えない心です。

同期が先に昇進《しょうしん》したり、後輩《こうはい》ばかりがちやほやされる。優秀《ゆうしゅう》な兄弟ばかりが親から期待されると、面白《おもしろ》くない心が出てきます。

また、秘《ひそ》かに他人の不幸を喜ぶ、ゾッとする悪魔《あくま》のような心も愚痴《ぐち》の煩悩《ぼんのう》です。

災難に遭《あ》って泣き悲しむ人に「お気の毒に」と口では言いながら、内心ニヤリとする心のことです。

「他人《ひと》の不幸は蜜《みつ》の味」と言われるように、誰《だれ》もが醜《みにく》い愚痴《ぐち》の心をもっているのです。

仏《ほとけ》の眼《まなこ》は心の奥底《おくそこ》まで見通している

口や体に出さなければ、心で思うぐらいは良いのでないかと思われる方もありましょう。

しかし歎異抄《たんにしょう》の親鸞聖人《しんらんしょうにん》の教えで、最も重視されているのは心です。外に現れる体や口の行いよりも、見えない心を大事にされるのは、なぜでしょうか。

体や口の行いは、心の指示によるからです。

恐《おそ》ろしい犯罪行為《はんざいこうい》でも、実行犯と、実行犯に指示を出した黒幕《くろまく》がいる場合があります。

実際に犯行を犯《おか》した実行犯は重罪で、犯行を指示した黒幕《くろまく》は無罪放免《むざいほうめん》、とはならないでしょう。

犯行を指示して恐《おそ》ろしいことをやらせた者こそが、最も重い罪に問われなければなりません。

口や体はいわば、実行犯、それに指示を出し動かしているのは心です。

●心が最も重要

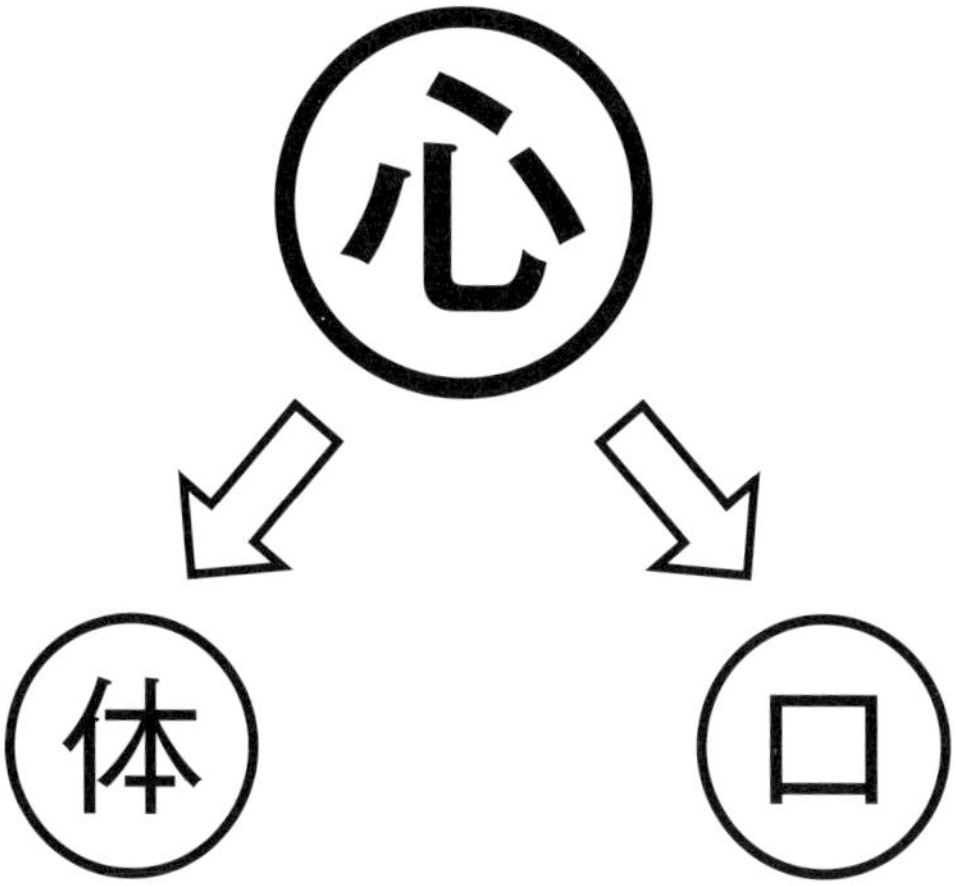

心が命じて、口や体を動かしている。

心は、火事の際の火の元であり、体や口の行為《こうい》は、火の元から舞《ま》い上《あ》がる火の粉に例えることができましょう。

火の粉は、火の元から舞《ま》い上《あ》がるように、体や口の行為《こうい》は、心の表現とも言えるでしょう。

だから消火のときも、火元に主力がおかれるように、仏教はつねに、心に視点がおかれるのです。

すべての人は煩悩《ぼんのう》という治らない難病に侵《おか》され苦しんでいる、「心の悪人」だと、親鸞聖人《しんらんしょうにん》は言われています。

ゆえに歎異抄《たんにしょう》では、108の煩悩《ぼんのう》によって罪や悪を造り続ける全人類を、「悪人」と呼ばれているのです。

よって歎異抄《たんにしょう》で言われる悪人は、法律を犯《おか》したり、倫理《りんり》・道徳上の悪人とは全く意味が異なるのです。

心の奥底《おくそこ》まで見通されている、仏《ほとけ》の眼《まなこ》から見られた悪人のことなのです。（仏《ほとけ》についての詳《くわ》しい説明は2章にあります）

肉眼、虫眼鏡《むしめがね》、顕微鏡《けんびきょう》
最も正確に見えるのは？

法律や倫理《りんり》・道徳と、仏《ほとけ》の眼《まなこ》の違《ちが》いは、肉眼・虫眼鏡《むしめがね》・電子顕微鏡《でんしけんびきょう》の見え方が異なることに例えられましょう。

同じ人の手のひらを見ても、肉眼や虫眼鏡《むしめがね》で見た時と、電子顕微鏡《でんしけんびきょう》で見た時とは、これが同じ人の手のひらかと驚《おどろ》くでしょう。

肉眼で見た時は「結構きれいな手のひらだなぁ」と思えても、虫眼鏡《むしめがね》で見ると「このあたりが相当荒《あ》れているな」と、少々気になる程度であっても、電子顕微鏡《でんしけんびきょう》で見ると、どうでしょう。「ウイルスやら、バイ菌《きん》だらけ」で驚《おどろ》くかもしれません。

では、最も正確な手のひらの状態は、肉眼、虫眼鏡《むしめがね》、電子顕微鏡《でんしけんびきょう》の、いずれで見たものでしょうか。

当然、電子顕微鏡《でんしけんびきょう》でしょう。

同じように、法律で人間を裁くのは肉眼、倫理《りんり》・道徳の観点で評価するのは虫眼鏡《むしめがね》、仏《ほとけ》の眼《まなこ》からご覧になった人間の実相《じっそう》は、電子顕微鏡《でんしけんびきょう》に映れたものと想像されたら分《わ》かり易《やす》いと思います。

仏様《ほとけさま》は「見《けん》・聞《もん》・知《ち》」のお方とも言われます。

私たちが、誰《だれ》にも見られていないと自信をもってやった事でも、すべて「見」ておるぞ、陰《かげ》で、どんなにコソコソ言っていたことも「聞」いておるぞ、心の底で秘《ひそ》かに思っていたことも、みな「知」っておるぞ、と見抜《みぬ》かれているのが仏様《ほとけさま》です。

ごまかしのきかない、そんな仏《ほとけ》の眼《まなこ》からご覧になられた、真実の自己を知らされて親鸞聖人《しんらんしょうにん》は「善人だと自惚《うぬぼ》れていたが、私ほどの悪人はなかった」と告白されています。

人間とは死ぬまで煩悩《ぼんのう》の塊《かたまり》である

親鸞聖人《しんらんしょうにん》は「人間とは、煩悩《ぼんのう》の塊《かたまり》であり、欲も多く、怒《いか》り、腹立ち、そねみ、ねたむ心一杯《いっぱい》で、臨終の瞬間《しゅんかん》まで、それらの煩悩《ぼんのう》は止《とど》まらず、消えず、絶えないものである」と、次のように書き遺《のこ》されています。

「『凡夫《ぼんぶ》』（人間）というは無明《むみょう》・煩悩《ぼんのう》われらが身《み》にみちみちて、欲《よく》もおおく、瞋《いか》り腹《はら》だち、そねみねたむ心《こころ》多《おお》く間《ひま》なくして、臨終《りんじゅう》の一念《いちねん》に至《いた》るまで止《とど》まらず消《き》えず絶《た》えず」（親鸞聖人《しんらんしょうにん》）

そして死ぬまで無くならない煩悩《ぼんのう》を、治らない難病に例えられているのです。

古今東西のすべての人は、死ぬまで無くならない煩悩《ぼんのう》によって、煩《わずら》い、悩《なや》み、罪をつくって苦しんでいます。

では、私たちは死ぬまで苦しみ続け、幸せにはなれないのでしょうか。

親鸞聖人《しんらんしょうにん》は、私たちの苦しみには「根本《こんぽん》」と「枝葉《えだは》」の2つがあると教えられています。

苦しみの根本《こんぽん》が断《た》ち切《き》られない限り、枝葉《えだは》は、苦しめ悩《なや》ませ続けます。

苦しみの根本《こんぽん》が断《た》ち切《き》られた時、枝葉《えだは》は問題にならなくなるのです。

親鸞聖人《しんらんしょうにん》は、煩悩《ぼんのう》は苦しみの枝葉《えだは》であって、根本《こんぽん》ではないと教えられています。

では、苦しみの根本《こんぽん》とは何か。それこそが、生きている時に治る、もう1つの難病なのです。

治る難病――死後が暗い心の病

古今東西、すべての人の苦しみの根元《こんげん》は、「無明業障《むみょうごうしょう》の病《やまい》」（死んだらどうなるか分からぬ、死後が暗い心の病）と、親鸞聖人《しんらんしょうにん》は明示されています。

しかし、無明業障《むみょうごうしょう》の病《やまい》は、万人《ばんにん》の人生を苦に染める最も恐《おそ》ろしい難病ではあるが、死ぬまで治らぬ１０８の煩悩《ぼんのう》と、根本的に違《ちが》うのは、生きている現在、完治できる点だと親鸞聖人《しんらんしょうにん》は説かれています。

誰《だれ》しも死を嫌《きら》います。

「死んだら、どうなるのだろう」など、想像もしたくありません。みな耳を

●苦しみの根元《こんげん》（根本）は「死後が暗い心の病」

難病

1. 煩悩（治らない）———— 枝葉《えだは》
2. 死後が暗い心の病（治る）— 根本《こんぽん》

煩悩は苦しみの枝葉であって、
根本ではない。
苦しみの根元は、
「死後が暗い心の病」である。

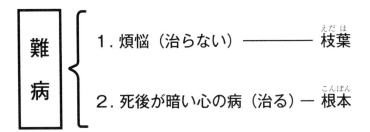

ふさいで考えないように生きています。

「4《し》」と聞くと「死」を連想するからか、病院には4号室がなかったり、エレベーターに、4階が抜《ぬ》けていたりします。

それだけ目を背《そむ》けたいのが死だからでしょう。

私たちは、死と真っ正面に向きあうのはあまりにも恐《おそ》ろしいので、病気や環境問題《かんきょうもんだい》にすり替《か》えて、対処しようとしているのではないでしょうか。

核戦争《かくせんそう》が怖《こわ》い、地震《じしん》が恐《おそ》ろしい、ガンになりたくない……というのも、その根底に死があるからでしょう。

ティリッヒ（ドイツの哲学者《てつがくしゃ》）は『生きる勇気』の中で、人間は一瞬《いっしゅん》たりとも、死そのものの「はだかの不安」には、耐《た》えられないと言っています。

しかし私たちの現実は、日々、どこへ向かっているのでしょうか。

人生は一方通行です。

赤《あか》ん坊《ぼう》として生まれてから、どんどん年齢《ねんれい》を重ね、老化防止、アンチエイジングに努めても、少し若く見えたりする程度です。

病気にならず、健康で長生きできれば喜ばしいのですが、現在の年齢《ねんれい》でとどまることも、子供の頃《ころ》に戻《もど》ることもできません。

「光陰矢《こういんや》の如《ごと》し」、月日は飛ぶように去ってゆきます。朝かと思ったら、あっという間に夜です。

年を重ねるほど、年月の流れが速く感じられるのは多くの人の実感だと思われます。

ブレーキの利《き》かない車で、猛《もう》スピードで突《つ》き進《すす》んでいる先は死です。

室町時代《むろまちじだい》の禅僧《ぜんそう》・一休《いっきゅう》は、元旦《がんたん》を「冥土《めいど》の旅《たび》の一里塚《いちりづか》」と言っています。

「冥土《めいど》」とは、死後の世界です。

1年経《た》ったということは、1年、冥土《めいど》に近づいたといえるでしょう。

古今東西の人の数ほど、いろいろな人生航路がありますが、共通しているのは100パーセント死に向かっての航海です。

死は、土足のまま座敷《ざしき》に乗《の》り込《こ》んでくる

死は、万人《ばんにん》の確実な未来であるだけではなく、いつやってくるか分からぬ無礼者《ぶれいもの》です。

仏教には「老少不定《ろうしょうふじょう》」という言葉がありますが、「老」（年長者）が先に死んで、「少」（若い人）が後とは、決まっていないということです。

ガンと10年闘《たたか》い世を去った岸本英夫《きしもとひでお》（東大・宗教学教授）は、死はまさに突然襲《とつぜんおそ》ってくる暴力だと闘病記《とうびょうき》に残しています。

「死は、突然《とつぜん》にしかやって来ないといってもよい。いつ来ても、その当事者は、突然《とつぜん》に来たとしか感じないのである。生きることに安心しきっている心には、死に対する用意が、なにもできていないからである。（中略）

死は、来るべからざる時でも、やってくる。来るべからざる場所にも、平気でやってくる。ちょうど、きれいにそうじをした座敷《ざしき》に、土足のままで、ズカズカと乗《の》り込《こ》んでくる無法者のようなものである。それでは、あまりムチャである。しばらく待てといっても、決して、待とうとはしない。人間の力では、どう止めることも、動かすこともできない怪物《かいぶつ》である」[*5]

死は、万人《ばんにん》の確実な未来であり、突然《とつぜん》やってくる厳粛《げんしゅく》な現実でありながら、まじめに考える人は極《きわ》めて少ないものです。

肉親や知人、友人などの死に遇《あ》って、否応《いやおう》なしに考えさせられる時もありますが、あくまでも一過性で、日々、忙《いそが》しい忙《いそが》しいで過ぎ去ってゆきます。

学生なら勉強に忙《いそが》しい、社会人なら仕事が忙《いそが》しい。子育てに忙《いそが》しい方もありましょう。

趣味《しゅみ》や遊び、地域の集まりや社会貢献《しゃかいこうけん》など、忙《いそが》しいことにも色々ありますが、目の前のことで、みな精一杯《せいいっぱい》です。

「忙《いそが》しい」という字は、「心を亡《な》くす」と書くように、どこに向かって進んでいるのか、最も大事な行き先までも、忘れがちです。

しかし、どんなに忘れていても、やがて突然《とつぜん》、忘れている「奴《やつ》」がやって来るのです。

「末期ガンです。長くて1カ月」と宣告されたら……

元気なときは「死は休息だ」「永眠《えいみん》だ」「恐《おそ》ろしくない」と、他人《ひと》ごとに考えていますが、死は、いつまでも他人《ひと》ごとでもなく、未来の事でもありません。

今の私の問題となる時が、必ずやって来るのです。

「末期ガンです。長くて1カ月」と宣告されたらどうでしょう。大問題になるのは「死後どうなるか」だけだと、前述の岸本英夫《きしもとひでお》は言っています。

ガンと闘《たたか》いながら、死と真正面から向き合った記録は、壮絶《そうぜつ》です。

「生命を断《た》ち切《き》られるということは、もっとくわしく考えると、どういうことであるか。それが、人間の肉体的生命の終《おわ》りであることは、たしかである。呼吸はとまり、心臓は停止する。（中略）

しかし、生命体としての人間を構成しているものは、単に、生理的な肉体だけではない。すくなくとも、生きている間は、人間は、精神的な個と考えるのが常識である。生きている現在においては、自分というものの意識がある。『この自分』というものがあるのである。そこで問題は、『この自分』は、死後どうなるかという点に集中してくる。これが人間にとっての大問題となる」[*5]

「死んだら、なにも無くなるよ」と言いつづけている人でも、知人や友人が死ぬと、「ご霊前《れいぜん》で」とか、「ご冥福《めいふく》を祈《いの》ります」と頭を下げられます。

「霊前《れいぜん》」は、故人の霊《れい》の前であり、「冥福《めいふく》」は、冥土《めいど》（死後の世界）の幸福のことだから、いずれも死後を想定してのことです。

「安らかに、お眠《ねむ》りください」などと、涙《なみだ》ながらに語りかけられる事もありましょう。

毎年8月には、戦没者《せんぼつしゃ》の慰霊祭《いれいさい》が執行《しっこう》されます。無謀《むぼう》な戦《いくさ》で苦しみながら葬《ほうむ》られた霊《れい》を慰《なぐさ》める行事です。

通常なら、幸福な相手を慰《なぐさ》めるということはありません。そんな必要がないからです。

死者の霊《れい》が、どんなに苦しみ恨《うら》んでいるだろうかと、慰《なぐさ》めを必要としているという心情がなければ、これらの行事は成り立たないはずです。

冥土《めいど》を否定しながら、冥土《めいど》の幸福を祈《いの》る。

否定しようとしても、否定しきれない「何か」が、そのようにさせ、言わせるのでしょう。


「社交辞令だよ」と笑って済ませるのは、肉親などの死別に遇《あ》わない、暫《しばら》くの幸せなときだけにちがいありません。

死後は有るのか、無いのか、どうなっているのか、さっぱり分からない。

お先真っ暗な状態が事実でしょう。


「死んでからのことは、死んでみにゃわからん。つまらんことを問題にするな」と、冷笑する声も聞こえてきそうです。

しかし、有るやら無いやらわからない、火災や老後のことは心配していま
す。
生涯《しょうがい》、火事に遇《あ》わない人がほとんどです。だが火災保険に入って用心して
います。
若死にすれば老後はないのに、老後の蓄《たくわ》えに余念がありません。
「老後のことは、老後になってみにゃわからん。つまらんこと」とは、言わ
ないようです。
万が一の火災や老後には備えるのに、確実な未来の大問題を無視すれば、
自己矛盾《じこむじゅん》になりはしないでしょうか。
「考えたって、どうなるもんじゃないよ」「その時はその時さ」「そんなこと
考えていたら、生きていけないよ」「必ず死ぬからこそ、今を一生懸命《いっしょうけんめい》に生

きるしかない」

といった、半ば諦《あきら》めの歎《なげ》きも聞こえてきます。

頑固《がんこ》に目を背《そむ》けさせる死には、無条件降伏《むじょうけんこうふく》か、玉砕《ぎょくさい》か、大なるアキラメしかないのでしょうか。

未来が暗いまま、現在を明るくはできない

親鸞聖人《しんらんしょうにん》は、この「死んだら、どうなるか分からぬ心」を「無明業障《むみょうごうしょう》の病《やまい》」と言われ、すべての人が罹《かか》っている最も恐《おそ》ろしい難病だと忠告されています。

では、なぜ無明業障《むみょうごうしょう》の病《やまい》（死後が暗い心の病）が、古今東西、万人《ばんにん》の苦しみの根元《こんげん》であると、親鸞聖人《しんらんしょうにん》は言われているのでしょうか。

治る難病　＝　**無《む》明《みょう》業《ごう》障《しょう》の病**　＝　**死後が暗い心の病**

治る難病とは「死後が暗い心の病」である。仏教では「無明業障の病」といわれ、この難病は生きている時に完治できる。

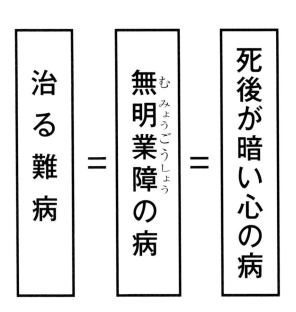

未来が暗いと現在はどうなるか、考えてみましょう。

例えば、3日後の大事な試験が、学生の今の心を暗くするでしょう。

5日後の、大手術をひかえた患者《かんじゃ》に「今日だけでも、楽しくやろうじゃないか」といってもムリでしょう。

未来が暗いと、現在も暗くなります。


間もなく墜落《ついらく》することを知らされた、飛行機の乗客の気持ちを想像してください。

どんな食事も美味《おい》しくないし、コメディ映画も面白《おもしろ》くなくなるでしょう。

快適な空の旅どころではありません。

不安におびえ、狼狽《ろうばい》し、泣《な》き叫《さけ》ぶ人もでてくるでしょう。

この場合、乗客の苦悩《くのう》の元はやがておきる墜落《ついらく》ですが、墜死《ついし》だけが恐怖《きょうふ》なのではありません。墜落《ついらく》の悲劇に近づくフライト、そのものが地獄《じごく》なのです。

未来が暗いと、現在も暗くなります。

現在が暗いのは、未来が暗いからです。

未来が暗いといっても、老後の問題や、火事や災害、事故や病気の心配など、いろいろありますが、万人《ばんにん》に共通の未来は死です。

その確実な未来が、ハッキリしない「死後が暗い心の病」をかかえたままで、明るい現在を築こうとしても出来る道理がないのです。

●現在と未来の関係

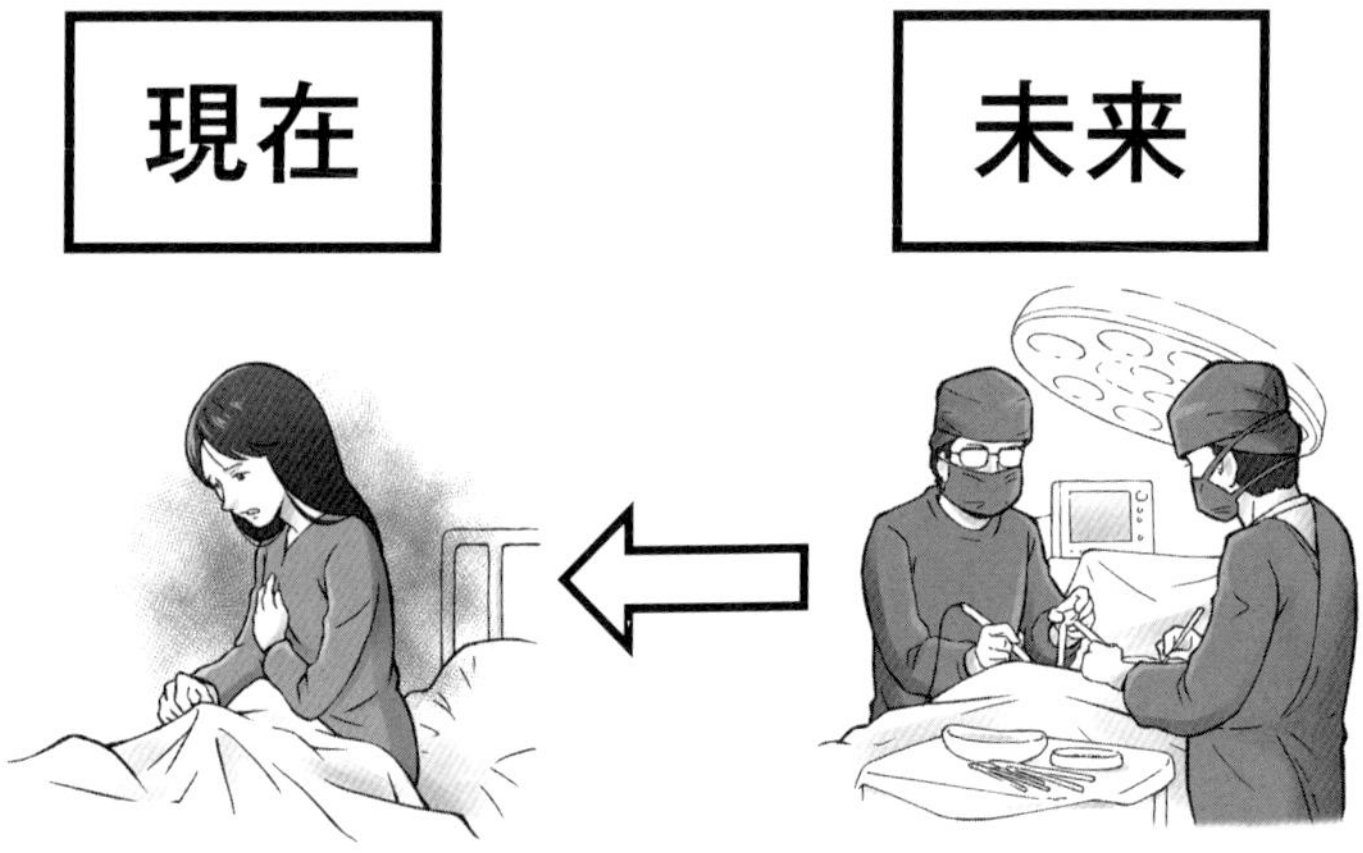

今から不安　　５日後に大手術

未来が暗いと現在も暗くなる。
私達の心は、未来から決定的な影響を受けている。
未来が暗いままで、今を心から楽しむことはできない。

死におびえたトルストイ
「ごまかしは問題の解決にはならないのだ」

50歳近くになったロシアの文豪《ぶんごう》・トルストイが気づいたのも、このことでした。

今日や明日にも死がやって来るかもしれないのに、どうして安楽に生きられるのか。

それに驚《おどろ》いた彼《かれ》は、仕事も手につかなくなっています。

「こんなことがよくも当初において理解できずにいられたものだ、とただそれに呆《あき》れるばかりだった。こんなことはいずれもとうの昔から誰《だれ》にでも分かりきった話ではないか。

きょうあすにも病気か死が愛する人たちや私の上に訪《おとず》れれば、(すでにいままでもあったことだが) 死臭《ししゅう》と蛆虫《うじむし》のほか何ひとつ残らなくなってしまうのだ。私の仕事などは、たとえどんなものであろうとすべては早晩忘れ去られてしまうだろうし、私もなくなってしまうのだ。とすれば、なにをあくせくすることがあろう? よくも人間はこれが眼《め》に入らずに生きられるものだ——これこそまさに驚《おどろ》くべきことではないか! 生に酔《よ》いしれている間だけは生きても行けよう、が、さめてみれば、これらの一切《いっさい》が——ごまかしであり、それも愚《おろ》かしいごまかしであることに気づかぬわけにはいかないはずだ!」[*6]

愛する家族もいつか、この暗い死にぶつかるのだ。そう思うと、生《い》き甲斐《がい》であった家族や芸術の蜜《みつ》も、もう甘《あま》くはありませんでした。

作家活動は、順調でしたが、確実な未来を凝視《ぎょうし》した彼《かれ》の世界は、無数の破《は》片《へん》にひびわれ、一切《いっさい》が光を失いました。

私たちは「死んだらどうなるか」未知の世界に入ってゆく、底知れぬ不安を何かでごまかさなくては生きてはゆけません。

文明・文化の進歩といっても、「死後が暗い心の病」が完治しない限り、このごまかし方の変化に過ぎないといえましょう。

しかし、ごまかしは続かないし、なんら問題の解決にはなりません。

何を手に入れても束《つか》の間《ま》で、心からの安心も満足もない。不安から離《はな》れられない人生にならざるをえないのです。

この事実に驚《おどろ》かれた親鸞聖人《しんらんしょうにん》も、ただちに出家した

親鸞聖人《しんらんしょうにん》が、仏教を求められるようになったのも、この「死後が暗い心の病」に驚《おどろ》かれたからでした。

親鸞聖人《しんらんしょうにん》は、約850年前（1173年）、平安時代の末期、京都に生まれられました。

父・藤原有範《ふじわらのありのり》、母・吉光御前《きっこうごぜん》の愛情に育《はぐく》まれ、成長されましたが、4歳で父と死別し、さらに8歳で、母も帰らぬ人となったのです。

今度、死ぬのは自分の番だと、驚《おどろ》かれた親鸞聖人《しんらんしょうにん》は、死ねばどうなるのか、この世が終わったら、どこへ旅立つのか。

死後は有るのか、無いのか、どうなっているのやら、さっぱり分からず、未来は真っ暗がりでした。

「この、死んだらどうなるか分からない心（死後が暗い心の病）を解決したい」と、9歳で親鸞聖人《しんらんしょうにん》は仏門に入る決意をされたのです。

当時の僧侶《そうりょ》は、国家公務員であり、エリート階級だったので、地位を求めて頭を丸める者も多かったのですが、親鸞聖人《しんらんしょうにん》の出家の動機は、「死後が暗い心の病」の解決以外、ありませんでした。

9歳の春、親鸞聖人《しんらんしょうにん》は、伯父《おじ》の藤原範綱《ふじわらののりつな》に付《つ》き添《そ》われ、青蓮院《しょうれんいん》（現・京都市東山区《ひがしやまく》）を訪ねられ、出家を出願されています。

願い通りに受理されたが、得度《とくど》の式（髪《かみ》を剃《そ》り僧侶《そうりょ》になる儀式《ぎしき》）は、翌日になると聞かれると、傍《かたわ》らの硯《すずり》と筆を取られて親鸞聖人《しんらんしょうにん》は、1首の歌を詠《よ》まれました。

「明日《あす》ありと　思《おも》う心《こころ》の　あだ桜《ざくら》
　夜半《よわ》に嵐《あらし》の　吹《ふ》かぬものかは」

（明日ありと　思う心に　酔《よ》いしれて
　無常の殺鬼《さっき》に　さらわれて行く）

「明日の桜を期待する心は、夜中に一陣《いちじん》の嵐《あらし》が吹《ふ》けば、たちまち、散ってしまいます。

私たちに明日があるのが確実なら、誰《だれ》も死ぬ人はいないでしょう。

人の命は、桜の花より儚《はかな》きもの。私に、明日は、ないかもしれません。

どうか今日のうちに出家させていただきたい」

親鸞聖人《しんらんしょうにん》は、得度《とくど》の式を急がれました。
感嘆《かんたん》した僧《そう》は、その日のうちに出家の儀式《ぎしき》を行ったといわれます。

このように親鸞聖人《しんらんしょうにん》が急いで、仏道を求められたのも「死後が暗い心の病」以上に切迫《せっぱく》した難病はなかったからです。

「死後が暗い心の病」は、古今東西、すべての人がかかっている難病ですが、医学、哲学《てつがく》、文学、政治、経済、科学その他、人間の力では、どうすることもできない難病ですから、「すべての医師から見放された」と例えられているのです。

しかし、この「死後が暗い心の病」の難病は、大宇宙唯一《ゆいいつ》の名医の創《つく》られた特効薬で、生きている時に完治できることが、歎異抄《たんにしょう》には鮮明《せんめい》に説かれています。

難病人——すべての人

←

第2章 名医の案内者——釈迦《しゃか》

←

名医

←

第2章
名医の案内者

← 特効薬 ← 全快 ← お礼

【2】世界唯一《ゆいいつ》の名医の存在を教える案内者が現れました。

世界唯一《ゆいいつ》の名医の存在を教えた案内者とは「釈迦《しゃか》」のことです。

私たちに、すべての人を苦しめる「死後が暗い心の病」を治せる、名医の存在を案内してくだされたのは、仏教を説かれた釈迦《しゃか》お一人でした。

「生老病死《しょうろうびょうし》」を超《こ》える道を求めた釈迦《しゃか》

釈迦《しゃか》は今から約２６００年前、インドのカピラ城主・浄飯王《じょうぼんおう》とマーヤー夫人《ぶにん》の長男として生まれ、幼い頃《ころ》はシッタルタ太子《たいし》と言われました。

大変に聡明《そうめい》で、学問も武芸も国一番の教師に学ばれましたが、たちまち「教えることが無くなりました」と、師匠《ししょう》たちが辞任を申し出たエピソードは有名です。

少年時代から、思慮深《しりょぶか》く冷静な太子《たいし》は、ある日、鳥が虫をついばむのを見て、弱肉強食の世を知り、他を犠牲《ぎせい》にしなければ生きてはいけない現実に、深い疑念を持つようになりました。

太子《たいし》はある時、城門《じょうもん》を出て外遊《がいゆう》しようとした際、老人、病人、死人の姿を目撃《もくげき》しました。

城の中では、太子《たいし》の目に触《ふ》れないように隠《かく》されていたのです。太子《たいし》は、それがやがて自分もたどる道であることを知り、強いショックを受けました。

どんなに健康、財産、地位、名誉《めいよ》、才能に恵《めぐ》まれていても、所詮《しょせん》、老いと病と死によって、やがて見捨てられる時が来る。

どんな幸福も続かないことを知った太子《たいし》には、心からの安心も満足もなかったのです。

宮殿《きゅうでん》に帰られた夜、ふと目を覚ますと、そこには昼間は着飾《きかざ》り競演《きょうえん》していた美女たちのみだらな姿がありました。

昼間の慎《つつし》み深《ぶか》い美しさとは、似ても似つかぬ、あられもない姿に、自分はだまされていたのだと愕然《がくぜん》とされました。

およそ、あらゆる楽しみも同じこと、一時のごまかしにすぎないのだと気づかれた太子《たいし》は、遂《つい》に、城を出て山奥深《やまおくふか》く入られました。29歳の時でした。

それから真の幸福を求めて、太子《たいし》の猛烈《もうれつ》な難行苦行《なんぎょうくぎょう》が始まったのです。前人未踏《ぜんじんみとう》の荒行《あらぎょう》に身を投じて6年、ついに菩提樹《ぼだいじゅ》の下で、「仏《ほとけ》」という無上のさとりを開かれました。

80歳でお亡《な》くなりになるまでの45年間、釈迦《しゃか》の説かれた教えは、弟子《でし》たちによって書き残されました。

その数、7000巻にもおよぶ経典《きょうてん》となり、今日《こんにち》、「一切経《いっさいきょう》」と言われています。

「さとり」には52の位がある

仏教で「さとり」と言っても、低いさとりから最高のさとりまで、52の違《ちが》いがあります。これを、「さとりの52位《い》」といわれます。

例えば、大相撲《おおずもう》でも序ノ口、幕下、大関、横綱《よこづな》などの違《ちが》いがあるように、さとりにも、それぞれ名称《めいしょう》があります。

仏教では、この52のさとりの最高位を仏《ほとけ》のさとりといい、「仏覚《ぶっかく》」とも、「無上覚《むじょうかく》」とも言われます。

この仏覚《ぶっかく》のさとりを開いた方のみを仏《ほとけ》と言われるのです。

仏《ほとけ》のさとりを開けば、不思議な真理を体得します。

真理といっても、科学的真理や数学的真理などありますが、仏教で真理と言われるのは、すべての人が真実の幸福になれる真理をいいます。

登山に例えると、1合目よりも2合目、2合目よりも3合目と、登るほどに展望が開け、頂上に登りつめれば、一面を見渡《みわた》すことができるように、仏覚《ぶっかく》まで到達《とうたつ》した方だけが、幸福の真理すべてを体現できるのです。

この無上覚《むじょうかく》になられた方だけを仏《ほとけ》といい、死んだ人を仏《ほとけ》というのは大きな誤解です。

今日《こんにち》まで、地球上で仏《ほとけ》のさとりを開かれたのは、釈迦《しゃか》お一人です。「釈迦《しゃか》の前《まえ》に仏《ほとけ》なし、釈迦《しゃか》の後《あと》に仏《ほとけ》なし」といわれます。

よく「釈迦牟尼世尊《しゃかむにせそん》」とか、「ブッダ（仏陀《ぶっだ》）」などと言われるのは、みな

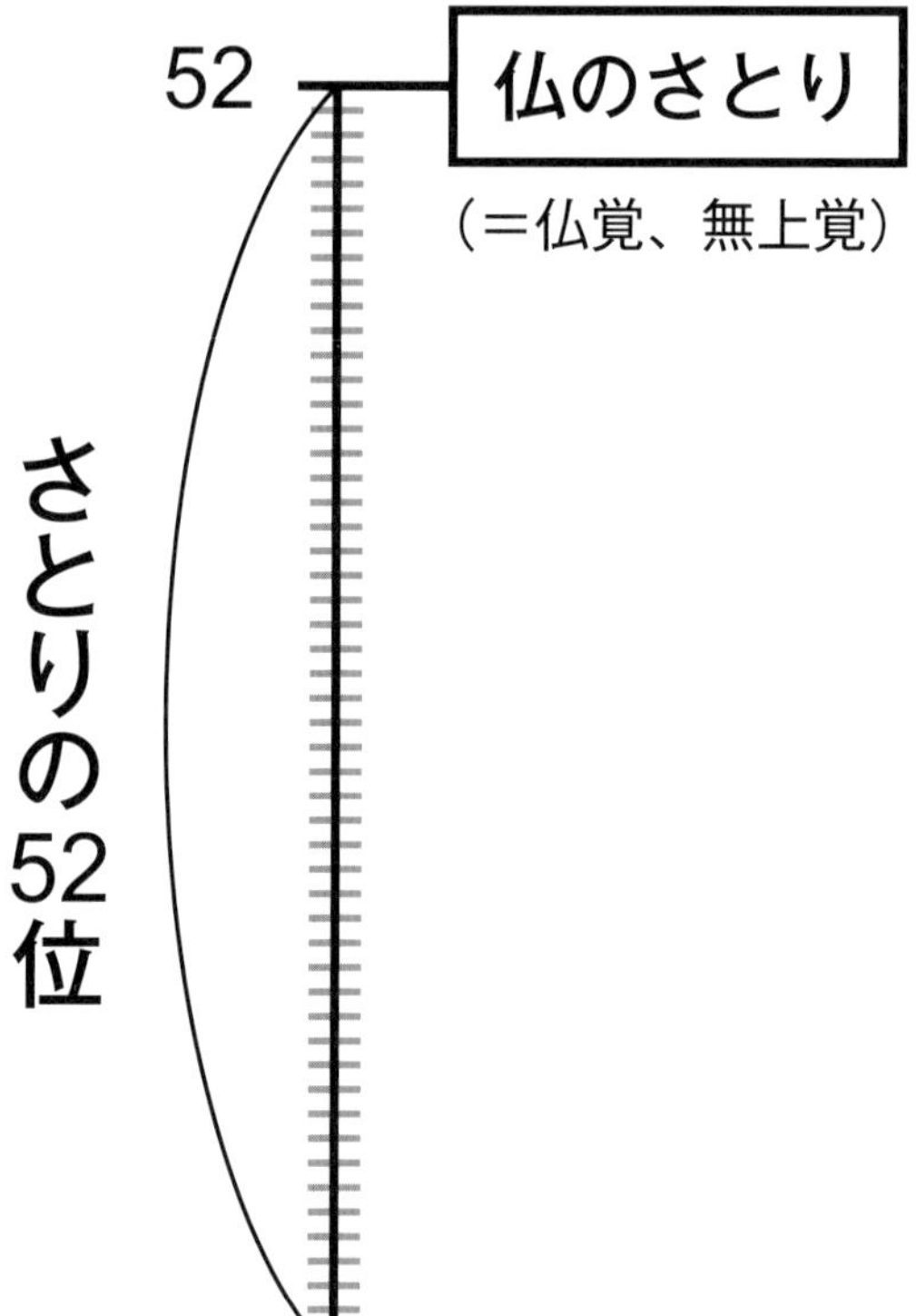

「さとりの52位」の最高位が仏のさとり。
ここまで到達された方のみを、仏という。

釈迦《しゃか》のことです。

『歎異抄《たんにしょう》』には、「釈尊《しゃくそん》」と書かれています。


世界文化史の大家で、ＳＦ作家の巨匠《きょしょう》、Ｈ・Ｇ・ウエルズは、

「私は公平に、どの点からみても、世界で最大の偉人《いじん》は、仏陀《ぶっだ》・釈迦牟尼仏《しゃかむにぶつ》である」

と言っています。


また、あらゆる宗教を研究したドイツの宗教学者フリードリヒ・ハイラーは、

「仏陀釈迦《ぶっだしゃか》は、世界の最も偉大《いだい》な宗教家であり、世界の光である」

と賞賛しています。

2600年前の大宇宙観

釈迦《しゃか》の経典《きょうてん》に、しばしば説かれる弥勒菩薩《みろくぼさつ》（釈迦《しゃか》に次いで仏《ほとけ》になる方）は、51段目のさとりである「等覚《とうがく》」まで到達《とうたつ》していますが、もう1段上の仏覚《ぶっかく》までは、あと56億7000万年かかると説かれています。

1段、さとりが違《ちが》うと、人間と虫ほど智恵《ちえ》に差があるといわれます。

「セミは春秋を知らず」と言われるように、夏しか地上で生きられぬセミに、春や秋の話をしても通じません。

ましてや「冬になると雪というものが降ってくるのだよ」と話しても、聞く耳持たないでしょう。

1段さとりが違《ちが》うと、人間とセミほどの智恵《ちえ》の差があるのですから、私たちの智恵《ちえ》と52段上の仏《ほとけ》の智恵《ちえ》には、格段の相異があって当然です。

仏教では、人間のことを「凡夫《ぼんぶ》」といいますので、人間の智恵《ちえ》を「凡智《ぼんち》」といい、仏《ほとけ》の智恵《ちえ》を「仏智《ぶっち》」といいます。

仏智《ぶっち》を体得された釈迦《しゃか》は、「宇宙には地球のようなものが、無数に存在する」と説かれています。

晴天の日、夜空を見上げると、満天にきらめく星が見えます。

私たちの住む地球は、太陽を中心に水星、金星、火星、木星などの惑星《わくせい》が回っている太陽系宇宙の１つといわれます。

そんな太陽系宇宙が、２０００億ほど集まっている世界を銀河系宇宙といい、銀河系宇宙が、１０００億以上、大宇宙には存在すると天文学ではいわれています。

釈迦《しゃか》はまた、地球のようなものが1000個集まっている世界を「小千世《しょうせんせ》界《かい》」といい、小千世界《しょうせんせかい》が1000個集まっている世界を「中千世界《ちゅうせんせかい》」。そんな中千世界《ちゅうせんせかい》が1000個あつまった世界を「大千世界《だいせんせかい》」と呼ばれています。

これらを総じて釈迦《しゃか》は「三千大千世界《さんぜんだいせんせかい》」と説かれています。

コペルニクス（1473〜1543年）が地動説を唱えた時、世界では、まだ天動説が信じられていました。

その2000年以上も前に、こんな宇宙観が説かれていたとは驚《おどろ》きです。

では、釈迦《しゃか》が案内してくだされた唯一《ゆいいつ》の名医とは、どなたのことでしょうか。

難病人——すべての人

←

名医の案内者——釈迦《しゃか》

←

第3章

名医——弥陀《みだ》

←

第3章
名医

特効薬
←
全快
←
お礼
←

【３】名医は、「難病人の苦悩《くのう》の根元《こんげん》を突《つ》き止《と》め、治せなければ命を捨てる」と、誓《ちか》っていました。

釈迦《しゃか》は仏智《ぶっち》によって、大宇宙には地球のようなものが無数に存在すると説かれています。そして、それらの世界には、それぞれ（地球に釈迦《しゃか》が現れたように）仏《ほとけ》が、存在することを明らかにされました。

釈迦《しゃか》は、それら宇宙の多くの仏《ほとけ》を「十方《じっぽう》の諸仏《しょぶつ》」と言われています。

十方《じっぽう》とは、大宇宙のこと。諸仏《しょぶつ》とは、多くの仏《ほとけ》のことです。

仏《ほとけ》のことを「如来《にょらい》」とも言いますから、よく名前を聞く大日如来《だいにちにょらい》も薬師如《やくしにょ》来《らい》も、諸仏《しょぶつ》の中の一仏です。同じ仏《ほとけ》のことを、大日如来《だいにちにょらい》といったり大日仏《だいにちぶつ》といったりします。

地球上に現れた唯一《ゆいいつ》の仏《ほとけ》は、釈迦仏《しゃかぶつ》であり、釈迦如来《しゃかにょらい》とも釈迦《しゃか》ともいわれます。

名医とは弥陀《みだ》のこと

それら十方《じっぽう》の諸仏《しょぶつ》や釈迦《しゃか》が「我らの師」と仰《あお》ぐ仏《ほとけ》が「弥陀《みだ》」なのです。弥陀《みだ》は、「阿弥陀仏《あみだぶつ》」とも「阿弥陀如来《あみだにょらい》」とも言われます。

釈迦《しゃか》が、私たちに案内してくだされた唯一人《ただひとり》の名医とは、この弥陀《みだ》のことでした。

弥陀《みだ》という仏《ほとけ》は、大宇宙の諸仏《しょぶつ》の師であり、諸仏《しょぶつ》はみな弥陀《みだ》のお弟子《でし》です。

地球に現れた釈迦《しゃか》も、大宇宙の諸仏《しょぶつ》のお一人ですから弥陀《みだ》を師と仰《あお》ぐお弟《で》子《し》です。

これは釈迦《しゃか》が「仏々相念《ぶつぶつそうねん》」「唯仏与仏《ゆいぶつよぶつ》の智見《ちけん》」によって知られて説かれたことです。

仏々相念《ぶつぶつそうねん》とは、仏《ほとけ》と仏《ほとけ》のみが通じ合うことであり、唯仏与仏《ゆいぶつよぶつ》の智見《ちけん》とは、「ただ仏《ほとけ》と仏《ほとけ》のみが知る世界」のことです。

大宇宙の諸仏《しょぶつ》や釈迦《しゃか》が、なぜ弥陀《みだ》を「我らの師」と尊敬するのかといいますと、「弥陀《みだ》の本願《ほんがん》」が、ダントツに素晴《すば》らしいからです。

弥陀《みだ》の本願《ほんがん》とは、「弥陀《みだ》の誓願《せいがん》」ともいい、「弥陀《みだ》の誓《ちか》い」のことです。

●「阿弥陀仏」と「十方の諸仏」の関係

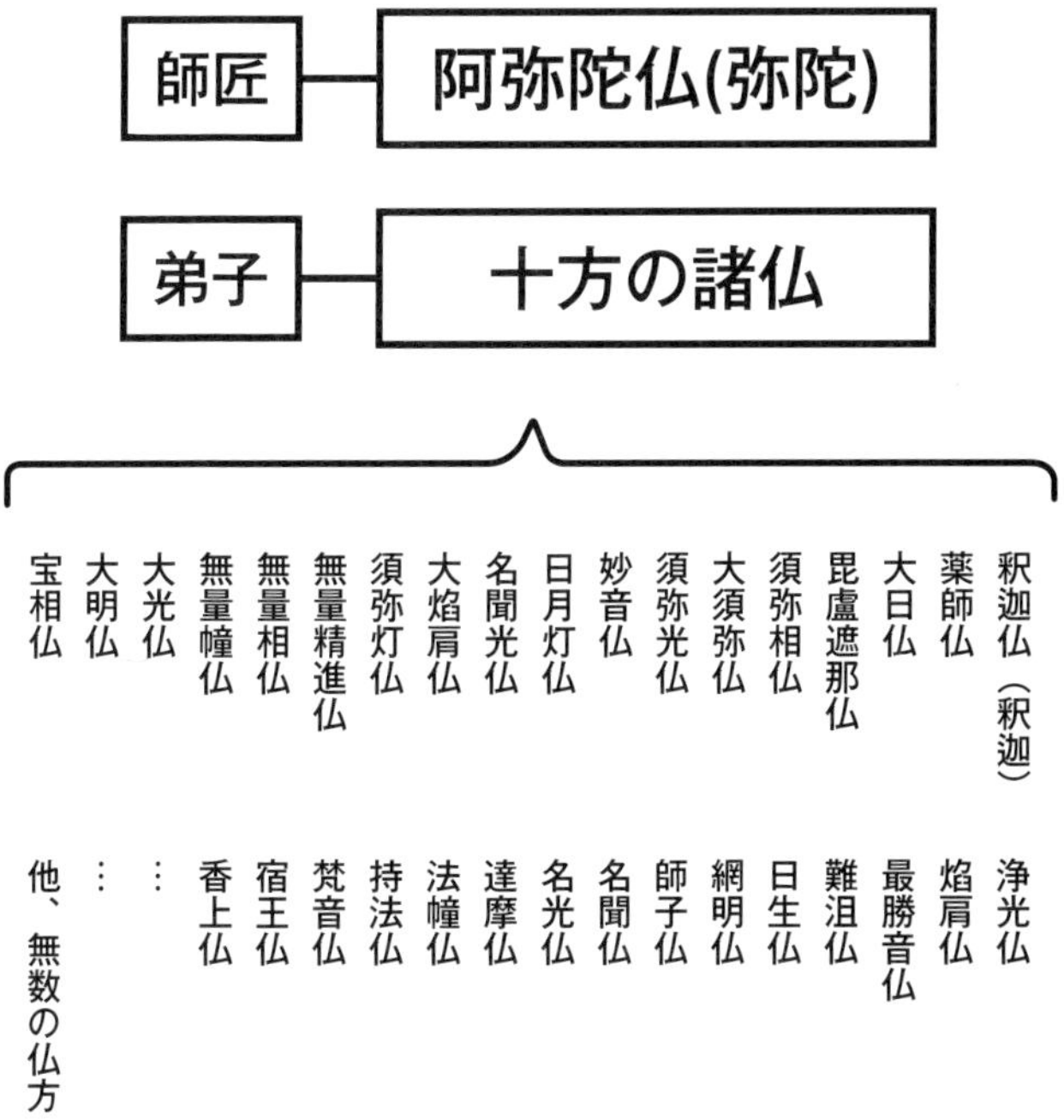

大宇宙には大河の砂の数ほどの仏が存在すると説かれている。その十方の諸仏の師が、阿弥陀仏である。

では「弥陀《みだ》の誓《ちか》い」のどこが、そんなに素晴《すば》らしいのでしょうか。

釈迦《しゃか》が生涯《しょうがい》かけて説いた「弥陀《みだ》の誓願《せいがん》」とは

実はかつて十方《じっぽう》の諸仏《しょぶつ》は、苦《くる》しみ悩《なや》む人たちを、何とか助けようとされましたが、「あまりにも罪や悪が重く、煩悩《ぼんのう》の激しい悪人なので、とても助けることは不可能だ」と断念し、見放されました。

そんな私たちをご覧になられて弥陀《みだ》のみが、「可哀相《かわいそう》に、この弥陀《みだ》が必ず助けよう。私に任せなさい」と、命を懸《か》けて誓《ちか》われたのが、「弥陀《みだ》の誓《ちか》い」だったのです。

もちろん諸仏方《しょぶつがた》にも、救ってやりたい心（慈悲《じひ》）はありましたが、あまりにも罪悪が重いので、自分たちの力（智恵《ちえ》）ではどうにもならず、見捨てざるを得なかったのです。

どんなに助けたい心（慈悲《じひ》）があっても、助ける能力（智恵《ちえ》）がなければ救えません。

仏《ほとけ》にはみな、慈悲《じひ》と智恵《ちえ》とがあるのですが、十方《じっぽう》の諸仏《しょぶつ》に比べて弥陀《みだ》の智《ち》慧《え》は、桁外《けたはず》れに勝《すぐ》れていたので、弥陀《みだ》の別名を「智慧光仏《ちえこうぶつ》」（智慧《ちえ》の勝《すぐ》れた仏《ほとけ》）と呼ばれていました。

十方《じっぽう》の諸仏《しょぶつ》が、泣き泣き見捨てた難病人を、弥陀《みだ》のみが「われ一人助けん」と立ちあがってくだされたのです。

例え話の「すべての医師から見放された難病人」とは、政治、経済、科学、医学、哲学《てつがく》、文学など、人間の力ではどうしようもない難病であることを例えていると先述しました。

だが、実際は、人間の力どころか、大宇宙の諸仏《しょぶつ》の力でも手に負えず、見捨てられたことを例えているのです。

そこで釈迦《しゃか》は、全人類の難病を治すことのできる、唯一《ゆいいつ》の名医・弥陀《みだ》を紹介《しょうかい》し、生涯《しょうがい》、弥陀《みだ》の誓願《せいがん》ただ一つを説かれたのです。

ですから当然ながら、親鸞聖人《しんらんしょうにん》の教えが書かれている『歎異抄《たんにしょう》』にも、弥《み》陀《だ》の誓願《せいがん》以外には説かれていません。

ちなみに歎異抄《たんにしょう》全18章が収まる第1章は、最初のお言葉が「弥陀《みだ》の誓願《せいがん》」

です。

その後も、弥陀《みだ》の誓願《せいがん》のことを「弥陀《みだ》の本願《ほんがん》」とか「願《がん》」とか「本願《ほんがん》」と重ねられています。

弥陀《みだ》の誓願《せいがん》も、弥陀《みだ》の本願《ほんがん》も、本願《ほんがん》も願《がん》も、すべて「弥陀《みだ》の誓《ちか》い」のことを、言葉を換《か》えて言われているのです。

「誓《ちか》い」には、相手があります。

金銭の貸借《たいしゃく》の誓約《せいやく》や、結婚式《けっこんしき》の誓《ちか》いでも、相手は限定されます。

誰《だれ》にでも「約束します」「誓《ちか》います」とは言いません。

しかし「弥陀《みだ》の誓《ちか》い」は、人種、性別、年齢《ねんれい》、貧富《ひんぷ》、能力など関係なく、すべての人との誓《ちか》いなのです。

●歎異抄第1章

「弥陀の誓願不思議に助けられまいらせて往生をば遂ぐるなり」と信じて「念仏申さん」と思いたつ心のおこるとき、すなわち摂取不捨の利益にあずけしめたまうなり。

弥陀の本願には老少善悪の人をえらばず、ただ信心を要とすと知るべし。

そのゆえは、罪悪深重・煩悩熾盛の衆生を助けんがための願にてまします。

しかれば本願を信ぜんには、他の善も要にあらず、念仏にまさるべき善なきがゆえに、悪をもおそるべからず、弥陀の本願をさまたぐるほどの悪なきがゆえに、と云々。

（『歎異抄』第1章）

四角く囲んだ部分は、すべて「弥陀の誓願」のこと。

「堕落坊主《だらくぼうず》」「破戒僧《はかいそう》」と大炎上《だいえんじょう》

親鸞聖人《しんらんしょうにん》が「肉食妻帯《にくじきさいたい》」を実行されたのも、すべての人を相手にされた、弥陀《みだ》の誓《ちか》いを明らかにするためでした。

肉食《にくじき》は、文字どおり肉や魚を食べること、妻帯《さいたい》は、結婚《けっこん》することです。

親鸞聖人《しんらんしょうにん》が公然と結婚《けっこん》されたことは、小説や映画でもクライマックスとして描《えが》かれています。

夏目漱石《なつめそうせき》は、親鸞聖人《しんらんしょうにん》の肉食妻帯《にくじきさいたい》を、次のように論じました。

「その時分に、（中略）思いきって妻帯し肉食《にくじき》をするということを公言するのみならず、断行してご覧なさい。どのくらい迫害《はくがい》を受けるかわからない」

「親鸞上人《しんらんしょうにん》に初めから非常な思想が有り、非常な力が有り、非常な強い根柢《こんてい》のある思想を持たなければ、あれほどの大改革はできない」[*7]

漱石《そうせき》は、親鸞聖人《しんらんしょうにん》の肉食妻帯《にくじきさいたい》の決行を、「非常な思想が有り、非常な力が有り、非常な強い根柢《こんてい》のある思想」と、3回も「非常」の文字を重ねて驚愕《きょうがく》しています。

ここからも、どれほどの大改革であったかを知ることができましょう。

今でこそ当然のようになっていますが、当時の仏教界では、僧侶《そうりょ》が肉食妻《にくじきさい》帯《たい》することは、かたく禁じられていました。

天台宗《てんだいしゅう》や真言宗《しんごんしゅう》を中心とする、平安時代の仏教は、世俗《せぞく》から離《はな》れて比叡山《ひえいざん》や高野山《こうやさん》などに入山《にゅうざん》し、修行《しゅぎょう》するものとして数々の戒律《かいりつ》が定められていました。

「山上《さんじょう》の仏教《ぶっきょう》」とも呼ばれ、狩猟《しゅりょう》や漁業などを生業《なりわい》とする者や、刀剣《とうけん》を持つ者、身分の卑《いや》しい者、さらには「女人禁制《にょにんきんぜい》」として女性までも、山に入ることは許されていなかったのです。

さらに当時の常識として、僧侶《そうりょ》が公然と結婚《けっこん》することは、仏教界のみならず一般社会《いっぱんしゃかい》でも大問題でした。

京の町は騒然《そうぜん》とし「堕落坊主《だらくぼうず》」「色坊主《いろぼうず》」「破戒僧《はかいそう》」「仏教を破壊《はかい》する悪魔《あくま》」など、ありとあらゆる誹謗《ひぼう》や中傷が、親鸞聖人《しんらんしょうにん》に浴びせられます。

石や棒を持って暴挙に及《およ》ぶ者、槍《やり》や薙刀《なぎなた》で脅《おど》してくる者までありました。

そんな危険を冒《おか》してまで、なぜ親鸞聖人《しんらんしょうにん》は公然と肉食妻帯《にくじきさいたい》を断行されたのでしょうか。

それは決して単なる恋愛感情《れんあいかんじょう》でも、人間らしさの追求でもありませんでした。

それは、ただひとえに僧侶《そうりょ》も在家《ざいけ》（僧侶《そうりょ》でない一般《いっぱん》の人）も、差別なく助けるという、弥陀《みだ》の誓願《せいがん》（誓《ちか》い）の、決死的布教の一環《いっかん》ともいえましょう。

死んだらどうなるか
ハッキリさせる

では弥陀《みだ》は、すべての人を相手に、どんな誓《ちか》いをなされているのでしょうか。

弥陀《みだ》の誓《ちか》いを簡明《かんめい》にいえば、「どんな極悪人《ごくあくにん》も『信楽《しんぎょう》』に救う」という誓《ちか》いです。

「若《も》し、できなければ命を捨てる」という、まさに命を懸《か》けた誓《ちか》いです。

それでは「信楽《しんぎょう》に救う」とは、どんなことでしょうか。

「信楽」は仏教で「しんぎょう」と読みます。たった2文字ですが、「弥陀《みだ》の誓《ちか》い」の眼目《がんもく》を表す極《きわ》めて重大な言葉です。

まず、信楽《しんぎょう》の「信《しん》」は、「『死後が暗い心の病』を治して、明るい心にする」ということです。

「『死後が暗い心の病』を治して、明るい心にする」とは、「死んだらどうなるか、ハッキリさせる」ということです。

一寸先も分からぬのに、「死んだらどうなるか、ハッキリさせる」なんて、出来っこないと思われましょう。

また「死んだらどうなるか、ハッキリさせる」って、どうハッキリするの？と疑問に思われるでしょう。

それは4章で詳説《しょうせつ》します。

さらに弥陀《みだ》は、「死んだら、どうなるか」を一念《いちねん》でハッキリさせると誓《ちか》われているのです。「一念《いちねん》」とは、何兆分の1秒よりも短い、時間の極《きわ》まりを言います。

肉体の病気でも、治るまでには時間がかかります。だんだん良くなり、いつの間にか治ったりしますが、「死後が暗い心の病」が一念《いちねん》で完治するとは想像もおよびません。

弥陀《みだ》が一念《いちねん》で救うと誓《ちか》われたのは、１秒後に死んでしまうような瀕死《ひんし》の人をも、漏《も》らさず救う大慈悲心《だいじひしん》からであったのです。

抱《だ》きしめられて、絶対に捨てられない幸せ

次の信楽《しんぎょう》の「楽《ぎょう》」とは、「摂取不捨《せっしゅふしゃ》の利益《りやく》」を与《あた》えて無上の幸福にするということです。

摂取不捨《せっしゅふしゃ》の利益《りやく》とは、歎異抄《たんにしょう》第１章冒頭《ぼうとう》に書かれている有名なお言葉です。「摂取不捨《せっしゅふしゃ》」とは〝摂《おさ》め取《と》って捨てぬ〟ということです。「利益《りやく》」とは〝幸福〟をいいます。

〝ガチッと抱《だ》き締《し》められて、捨てられない幸福〟を、摂取不捨《せっしゅふしゃ》の利益《りやく》と言われています。無上の幸福のことです。

私たちは、健康から、子供から、恋人《こいびと》から、友人から、会社から、金や財産から、名誉《めいよ》や地位から、捨てられないかとビクビクしていないでしょうか。

現在の幸せに見捨てられるのではなかろうかと、不安におびえています。

捕《と》らえたと思った楽しみも、一夜の夢、握《にぎ》ったと信じた幸福も、一朝の幻《まぼろし》、線香花火《せんこうはなび》のように儚《はかな》いものだと身に沁《し》みているからでしょう。

たとえしばらく今の幸せがあったとしても、やがて、すべてから見放される時が来るのです。

室町時代《むろまちじだい》に親鸞聖人《しんらんしょうにん》の教えを正確に最も多くの人に伝えられた蓮如上人《れんにょしょうにん》は、

「いままで頼《たよ》りにしてきた妻子や財宝も、いよいよ死んでゆくときには、なに一つ頼《たよ》りになるものがない。

すべてに見放されて、独りこの世を去らねばならぬ。

●信楽とは

信　＝　変わらぬ
大安心にする

楽　＝　変わらぬ
大満足にする

弥陀は「すべての人を信楽という幸せにしてみせる」と誓われている。

丸裸《まるはだか》で真っ暗な旅路につかねばならぬほどの一大事はないのだよ」
と、警鐘乱打《けいしょうらんだ》されています。

やがて死ぬのに、なぜ生きる？ 答えを示す歎異抄《たんにしょう》

咲《さ》き誇《ほこ》った花も、必ず散るときが来るように、死の岩頭に立てば、必死にかき集めた財宝も名誉《めいよ》も地位も、すべてわが身から離散《りさん》し、独り地上を去らなければなりません。

これほどの不幸があるでしょうか。

こんな大悲劇に向かっている人類に、無上の幸福の存在を明示されているのが歎異抄《たんにしょう》なのです。

このように信楽《しんぎょう》とは、「死後が暗い心の病」が完治した大安心（信《しん》）と、無上の幸福に救われた大満足（楽《ぎょう》）を言われます。

絶対捨てられない身にガチッと摂《おさ》め取《と》られ、「人間に生まれてよかった」「この不滅《ふめつ》の幸せにさせていただくための人生だったのか」と、光《ひか》り輝《かがや》く幸福こそが、すべての人の求める幸せであり、人生究極の目的なのです。

信楽《しんぎょう》（無上の幸福）にしてみせるという弥陀《みだ》の誓願《せいがん》は、誰《だれ》しも信《しん》じ難《がた》いお誓《ちか》いだから、親鸞聖人《しんらんしょうにん》は、ただ「不可思議《ふかしぎ》・不可説《ふかせつ》・不可称《ふかしょう》の信楽《しんぎょう》なり」と絶讃《ぜっさん》されています。

信楽《しんぎょう》とは、想像も説明も解説も出来ない、言語に絶する幸福であることを仰《おっしゃ》っているのです。

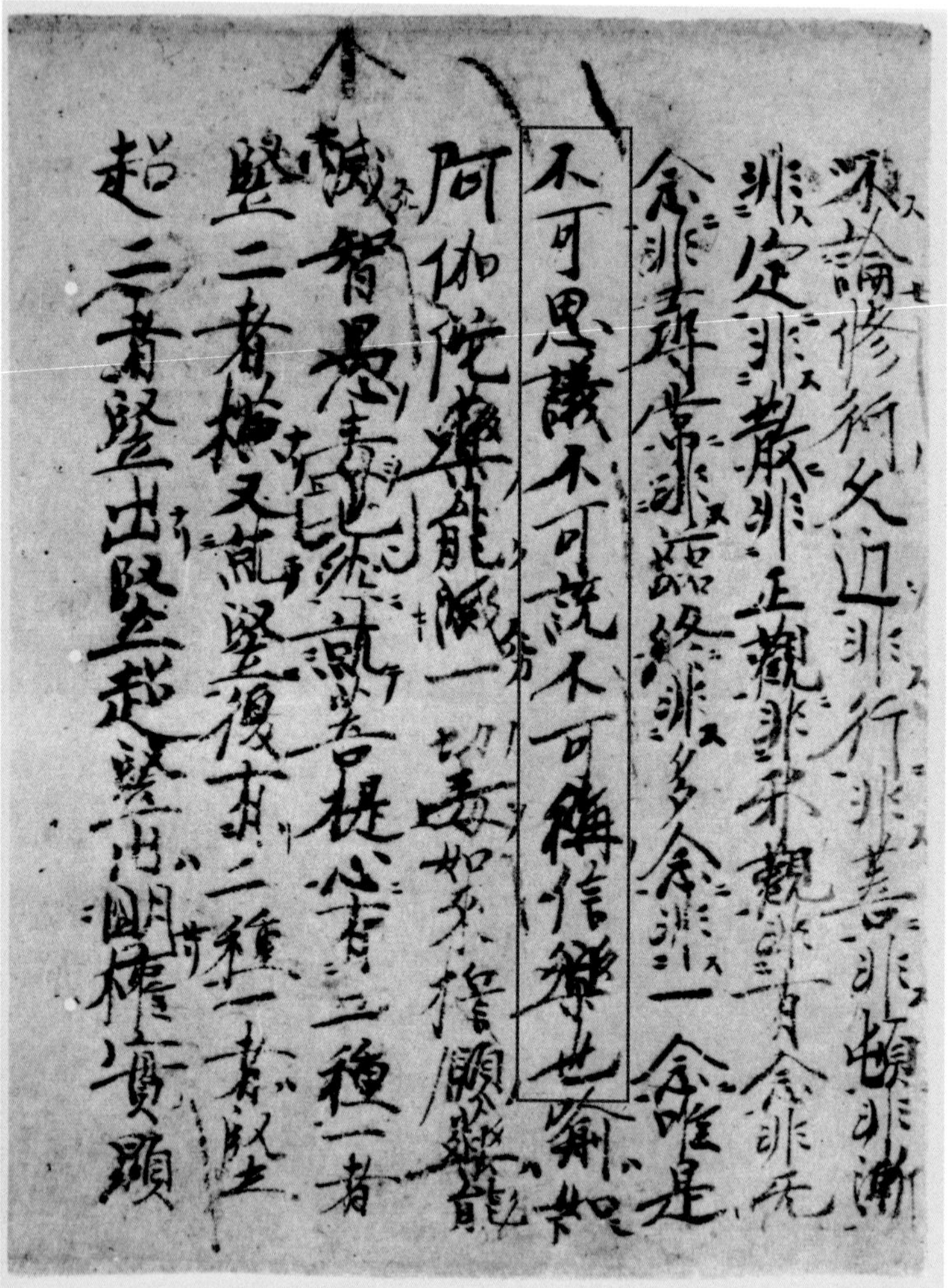

不論修行久近非行非善非頓非漸非定非散非正観非邪観非有念非無念非尋常非臨終非多念非一念唯是不可思議不可説不可称信楽也喩如阿伽陀薬能滅一切毒如来誓願薬能滅智愚毒也夫按菩提心有二種一者竪二者横又就竪復有二種一者竪超二者竪出竪超竪出明権実顕

「不可思議・不可説・不可称の信楽なり」（教行信証）
想像も説明も解説も出来ない幸福の存在を明記されている。

歎異抄《たんにしょう》には、「弥陀《みだ》が誓願《せいがん》（誓《ちか》い）を建《た》ててくだされたのは、親鸞《しんらん》を無上の幸福にするためであったのか」と、生々しい親鸞聖人《しんらんしょうにん》の告白が記されています。

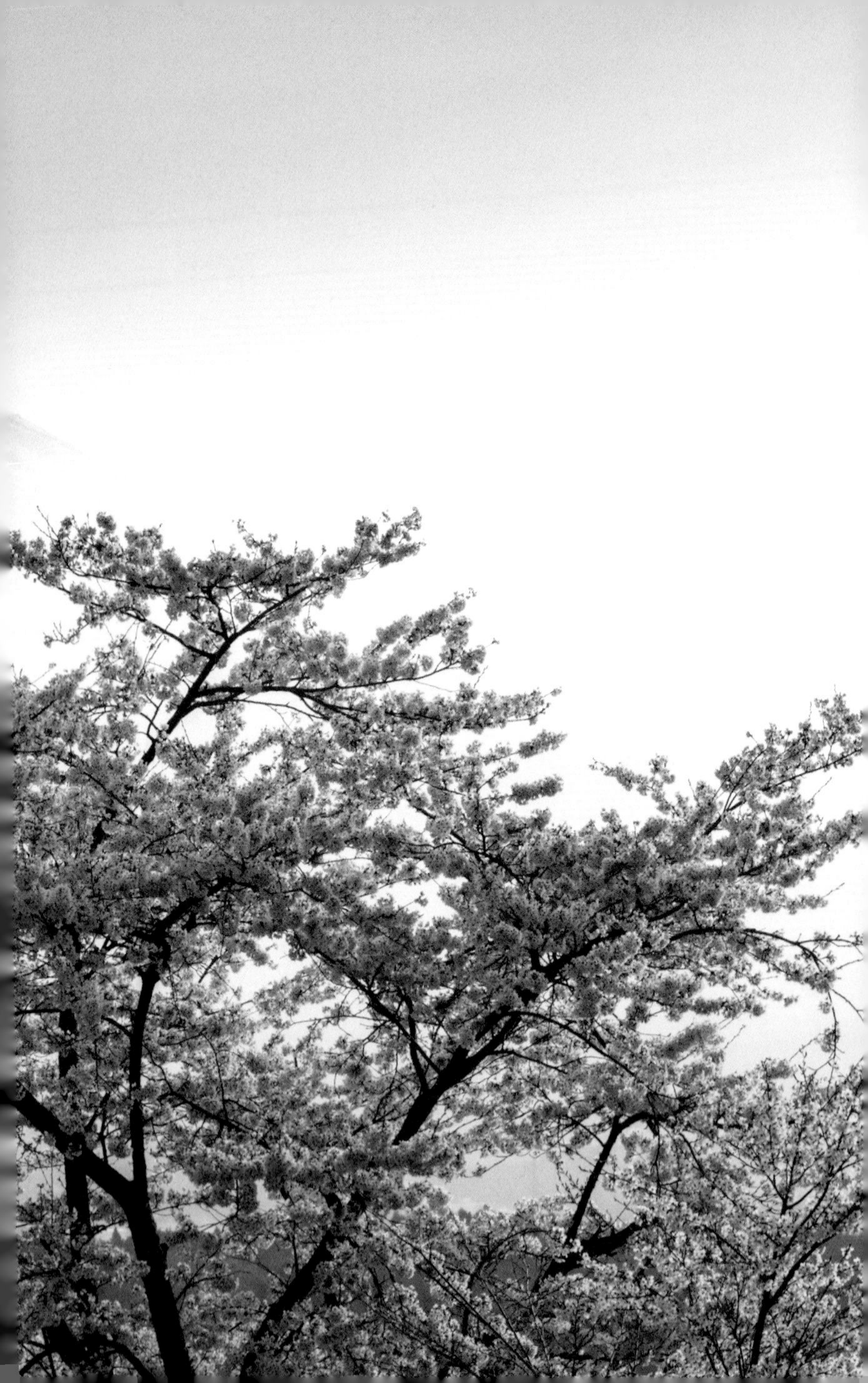

難病人——すべての人
↓
名医の案内者——釈迦《しやか》
↓
名医——弥陀《みだ》
↓

第4章
特効薬

← 第4章 特効薬——南《な》無《む》阿《あ》弥《み》陀《だ》仏《ぶつ》 ← 全快 ← お礼

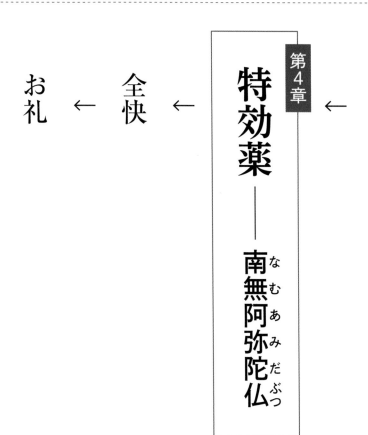

【４】名医は、永い間、苦労を重ねて、遂《つい》に特効薬を完成されました。

名医・弥陀《みだ》は、「すべての人の『死後が暗い心の病』を治し、万人《ばんにん》を無上の幸福に救う」と誓《ちか》われ、「南無阿弥陀仏《なむあみだぶつ》」という妙薬《みょうやく》を創《つく》られました。

もし、この弥陀《みだ》の創《つく》られた妙薬《みょうやく》を特効薬に例えることが許されるならば、弥陀《みだ》の永い間のご苦労が実って、万人《ばんにん》の「死後が暗い心の病」の、特効薬が完成したのです。

崇高《すうこう》な「弥陀《みだ》の誓《ちか》い」がなければ、特効薬の完成もなく、誰《だれ》からも難病が完治した、慶喜《きょうき》の声も聞けなかったのです。

永い難病苦から解放された、親鸞聖人《しんらんしょうにん》の生々しい感動が『歎異抄《たんにしょう》』には、「弥陀《みだ》の誓《ちか》いは、ひとえに親鸞一人《しんらんいちにん》がためだった」と、感慨深《かんがいぶか》く記されています。

難病が完治して無上の幸福になった人はみな、親鸞聖人《しんらんしょうにん》と等しく「弥陀《みだ》の誓《ちか》いは、私一人のためだった」と、喜ばずにはおれないのです。

名医・弥陀《みだ》が、自らの誓《ちか》いを果たすために、想像もできないような長期間、大変なご苦労の末、完成されたのが南無阿弥陀仏《なむあみだぶつ》という特効薬なのです。

「南無阿弥陀仏《なむあみだぶつ》」はたったの六字だが、その効能は限りない

この南無阿弥陀仏《なむあみだぶつ》の六字の名号《みょうごう》こそが、「死後が暗い心の病」を治す特効薬なのです。

釈迦《しゃか》はご遺言《ゆいごん》に、「私が生涯《しょうがい》説いたのは、この南無阿弥陀仏《なむあみだぶつ》の特効薬の功能一つであった」と言われています。

南無阿弥陀仏《なむあみだぶつ》は、釈迦《しゃか》の説かれた一切経《いっさいきょう》の、しぼり汁《じる》と言われるゆえんです。

親鸞聖人《しんらんしょうにん》は南無阿弥陀仏《なむあみだぶつ》を「大宝海《だいほうかい》」と呼ばれています。全人類を無上の

●弥陀の創られた特効薬とは

南無阿弥陀仏 ＝ 六字の名号

南無阿弥陀仏とは、「死後が暗い心の病」を
治す特効薬である。

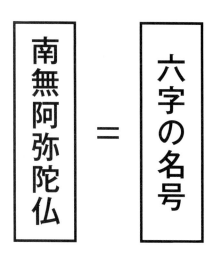

幸福にする広大な宝の海だと言われているのです。

親鸞聖人《しんらんしょうにん》の教えを、ひたすら伝えられた室町時代《むろまちじだい》の蓮如上人《れんにょしょうにん》も、こう言われています。「南無阿弥陀仏《なむあみだぶつ》は、たったの六字だから、そんなに偉大《いだい》な力があるとは思えないだろう。しかし、この南無阿弥陀仏《なむあみだぶつ》には、万人《ばんにん》を無上の幸福にする無限の力がある」と言葉を尽《つ》くして絶賛されています。

「『南無阿弥陀仏《なむあみだぶつ》』と申《もう》す文字《もんじ》は、其《そ》の数《かず》わずかに六字《ろくじ》なれば、さのみ功能《くのう》のあるべきとも覚《おぼ》えざるに、この六字《ろくじ》の名号《みょうごう》の中《うち》には、無上甚深《むじょうじんじん》の功徳利益《くどくりやく》の広大《こうだい》なること、更《さら》にその極《きわ》まりなきものなり」（蓮如上人《れんにょしょうにん》）

薬には、必ず効能書きがあります。

釈迦《しゃか》一代の教えを記した、７０００巻余りの一切経《いっさいきょう》は、南無阿弥陀仏《なむあみだぶつ》という特効薬の効能書きとも言えるでしょう。

仏教では、この南無阿弥陀仏《なむあみだぶつ》の特効薬の効能を、一言で「破闇満願《はあんまんがん》」と説かれています。

「破闇《はあん》」とは、闇《やみ》を破る力があるということです。

仏教で闇《やみ》と言われるのは、「無明《むみょう》の闇《やみ》」のことですが、病に例えて無明業障《むみょうごうしょう》の病《やまい》とか、「死後が暗い心の病」とも言われます。

故《ゆえ》に、「死後が暗い心」を「死後が明るい心」にする力を、破闇《はあん》と言われるのです。

次に「満願《まんがん》」とは、願いを満たす力のことです。

「すべての人を無上の幸福にしてやりたい」という、弥陀《みだ》の願い通りに絶対の幸福にしてくだされる力を言われます。

南無阿弥陀仏《なむあみだぶつ》の特効薬には、「死後が暗い心の病」を一念《いちねん》で治し、無上の幸福にする凄《すご》い効能があるので、破闇満願《はあんまんがん》と言われるのです。

闇《やみ》は、光が差すと一瞬《いっしゅん》で消滅《しょうめつ》します。

1000年も前から、闇《やみ》に閉ざされた部屋《へや》でも、明るくするのに時間はかかりません。

光が差《さ》し込《こ》んだ一瞬《いっしゅん》に、闇《やみ》は無くなるように、永い間、私たちを苦しめてきた無明《むみょう》の闇《やみ》（死後が暗い心の病）は、一念《いちねん》の瞬間《しゅんかん》になくなります。

これはみな南無阿弥陀仏《なむあみだぶつ》の特効薬の絶大な効能なのです。

●破闇満願とは

破闇	＝	「死後が暗い心」を破り明るい心にする力
満願	＝	絶対の幸福にして大満足させる力

南無阿弥陀仏の特効薬の効能を
簡潔に表した言葉である。

死ねば極楽《ごくらく》へ往《ゆ》くことが、今ハッキリする

さらに特効薬の南無阿弥陀仏《なむあみだぶつ》には、私たちを「往生一定《おうじょういちじょう》」にするはたらきがあると、歎異抄《たんにしょう》には言われています。

往生一定《おうじょういちじょう》とは、どんな事でしょうか。まず往生《おうじょう》から解説しましょう。

「往生《おうじょう》」というと「隣《となり》のお婆《ばあ》さん、今朝、往生《おうじょう》したそうな」などと、「死ぬ」ことや、「予想外の大雪で立《た》ち往生《おうじょう》した」と、「困った」という意味に使われていますが、大変な誤解なのです。

文字を見てもお分かりのように、「往《おう》」は、往復きっぷの往という字です。

「生《じょう》」は、「生まれる」とか、「生きる」ということですから、死ぬとか困るという意味は、一切《いっさい》ありません。

世間では往生《おうじょう》を始め、日常生活で使われている仏教用語は、本来の意味とは違《ちが》った意味で使われていることが多く、それが仏教の誤解につながっているようです。

歎異抄《たんにしょう》（親鸞聖人《しんらんしょうにん》の教え）を正確に理解するには、まず仏教用語の正しい意味を知ることが極《きわ》めて大切です。

往生《おうじょう》とは、極《きわ》めて大事な仏教用語です。

往生《おうじょう》とは、死後、極楽浄土《ごくらくじょうど》へ「往《い》」って、仏《ほとけ》に「生《う》」まれることを言います。

「一定《いちじょう》」とは、一つに定まることでハッキリすることとです。

死ねば極楽浄土《ごくらくじょうど》へ往《ゆ》き、仏《ほとけ》に生まれられることが、生きている現在ハッキリすることを往生一定《おうじょういちじょう》といいます。

極楽浄土《ごくらくじょうど》はどんな世界か

死ねば極楽浄土《ごくらくじょうど》に往《ゆ》くことがハッキリすると言われても、極楽浄土《ごくらくじょうど》とはどんな世界か、疑問は尽《つ》きないでしょう。

釈迦《しゃか》は『阿弥陀経《あみだきょう》』に、極楽浄土《ごくらくじょうど》のことを、こう説かれています。

「極楽浄土《ごくらくじょうど》に生まれた人には、一切《いっさい》の苦しみはなく、種々の楽しみだけがある。だから極楽《ごくらく》というのである」

●往生一定とは

往生 ＝ 死後、極楽浄土へ往って仏に生まれること

一定 ＝ ハッキリすること

極楽浄土へ往って仏に生まれるのは、死後のことだが、それが生きている現在、ハッキリする。

続いてその楽しさを、次のように説かれています。

「至る所に宝石で造られた池があり、池には、甘《あま》い、冷たい、やわらかい、軽い、清らかな、喉《のど》を傷《いた》めない、腹をこわさない、などの特長がある水が満々と湛《たた》えられ、池の底には金砂が敷《し》き詰《つ》められている。

池の中には、車輪のような大きな蓮《はす》の花が咲《さ》き、花の色は、青・黄・赤・白、色々あって、それぞれが、青光《しょうこう》・黄光《おうこう》・赤光《しゃっこう》・白光《びゃっこう》を放って、まことに絶妙《ぜつみょう》で香《かお》りも豊かである。

周囲には、金・銀・財宝で飾《かざ》られた階段があり、上《のぼ》った上にそびえたつ宮殿楼閣《きゅうでんろうかく》は、金銀、水晶《すいしょう》などの宝玉《ほうぎょく》で造られ、天空からは常に心地《ここち》よい音楽が流れ、ときどき綺麗《きれい》な花びらが降ってくる。

絶えず涼《すず》しい風《かぜ》が、そよそよと吹《ふ》いて、宝石で彩《いろど》られた並木や網飾《あみかざ》りが揺《ゆ》れ、それらが奏《かな》でる音色は幾千《いくせん》かの楽器を同時に演奏するようである。
また、孔雀《くじゃく》やオウムなどの、色とりどりの鳥がいて、和《なご》やかな美しい声で尊い法を説き、聞いたものはみな、心に歓喜《かんぎ》が起きる。
日々すばらしい服を着て、御馳走《ごちそう》を食べて楽しむのである」

言葉を尽《つ》くして、極楽浄土《ごくらくじょうど》の素晴《すば》らしさが説かれています。
「おとぎ話だ」「そんなこと信じられるか」と言いたくなるでしょうが、これは極楽浄土《ごくらくじょうど》そのものを言われたのではないのです。

「猫《ねこ》の参るお浄土《じょうど》は、宮殿楼閣《きゅうでんろうかく》みなカツオ」

私たちが日常体験している楽しみは、おいしい料理に舌鼓《したつづみ》を打つとか、儲《もう》かった、褒《ほ》められた、恋人《こいびと》ができた、結婚《けっこん》した、マイホームを手に入れた、というような喜びで、やがては色あせたり、苦しみや悲しみに変質したりするものばかりです。

地震《じしん》や津波《つなみ》、台風や火災に遭《あ》えば、一夜のうちに失う、今日あって明日なき楽しみであり、たとえ、しばらく続いても、臨終には100パーセント消《しょう》滅《めつ》する幸福しか知りません。

そんな楽しみしか知らない私たちに、極楽浄土《ごくらくじょうど》の楽しみを分からせようとすることは、魚に火や煙《けむり》のことを分からせたり、犬や猫《ねこ》にテレビや携帯電話《けいたいでんわ》の説明をするよりも、絶望的なことなのです。

釈迦《しゃか》でも不可能だったので、時には「説くべからず」と仰《おっしゃ》っています。

しかし、絶望しているだけでは、仏教を伝える使命は果たせません。

そこで釈迦《しゃか》は、私たちが見たり聞いたり体験したり、想像できる範囲内《はんいない》の楽しみを挙げて、極楽浄土《ごくらくじょうど》の素晴《すば》らしさを知らせようとなされているのです。「猫《ねこ》の参るお浄土《じょうど》は、宮殿楼閣《きゅうでんろうかく》みなカツオ、ネコも呆《あき》れて、ニャムアミダブツ」

と風刺《ふうし》されるように、宮殿楼閣《きゅうでんろうかく》、みなカツオだというのは、猫《ねこ》には適当な説き方といえましょう。

約2600年前の釈迦《しゃか》が、暑いインドで説かれた教えですから、その時代や地域にあわせた比喩《ひゆ》で説かれたのも当然でしょう。

この釈迦《しゃか》の心を酌《く》んで親鸞聖人《しんらんしょうにん》は、よく極楽浄土《ごくらくじょうど》を「無量光明土《むりょうこうみょうど》」と仰《おっしゃ》っています。限りなく明るい世界ということです。

確実な未来が、限りなく明るい無量光明土《むりょうこうみょうど》とハッキリすれば、「人間に生まれてよかった」と、現在が輝《かがや》き、真の安心と満足に生かされるのです。

ひとたび「死後が暗い心の病」が完治すれば、永久《とわ》の闇《やみ》より救われて苦悩《くのう》渦巻《うずま》く人生が、そのまま無上の幸福と転じ、一切《いっさい》の苦労が報《むく》われ、流した涙《なみだ》の1滴《てき》1滴《てき》が真珠《しんじゅ》の玉《たま》となって、その手に戻《もど》ってくるのです。

これみな南無阿弥陀仏《なむあみだぶつ》の特効薬のはたらきなのです。

「幸せ」の3つの悲しい定め

特効薬・南無阿弥陀仏《なむあみだぶつ》の効能、破闇満願《はあんまんがん》の満願《まんがん》とは「すべての人を無上の幸福に救いたい」という、弥陀《みだ》の願い通りになって大安心・大満足することだと前述しました。

無上の幸福と聞くと「そんな幸福があるの?」と思われるでしょう。

それはもっともです。

なぜなら、私たちが知っている幸せは、どれも「相対的《そうたいてき》な幸福《こうふく》」だからです。

例えば、好きな人と結婚《けっこん》できた喜び、仕事の成功、子供の成長など、日々私たちが求めているさまざまな楽しみや生き甲斐《いがい》は、相対的幸福でありましょう。


なぜ相対的幸福というのかというと、これらは他人や過去の自分と比べて、喜んだり、喜べなくなったりするからです。

例えば、会社員は月給がアップすれば、過去と比べて喜べるでしょう。

しかし、同期の全員が自分よりも高い報酬《ほうしゅう》を受け取っていると知ったら、どうでしょう。自分の受け取る金額は同じでも、たちまち喜びが消え、不満な心が出てきましょう。

私たちは常に周りと比べて、一喜一憂《いっきいちゆう》しています。

お金、仕事、家族、容姿、才能など、周囲と比べて自分にないものを持っている人をうらやみ、苦しんではいないでしょうか。

それに対して無上の幸福は「絶対の幸福」とも言われ、「私ほどの幸せな者はない」と喜べる幸せです。

相対的幸福も、生きていく時には大事なものですが、3つの悲しい定めがあります。

（1）キリがない

（2）続かない

（3）死の前には総崩《そうくず》れ

どんなことか1つずつ確認《かくにん》しましょう。

(1) キリがない

おいしい物を食べると幸せを感じる人は、多いと思います。

しかし、それが当たり前になれば、もっとおいしい物、珍《めずら》しい物、高級な物を食べたくなり、満足できなくなります。

食べ物に限らず、装飾品《そうしょくひん》や趣味《しゅみ》の道具なども、手に入れた時はうれしくても、慣れてしまうと、もっといい物、新しい物が欲《ほ》しくなり、「これで満足」とは思えないものです。


仕事で成功しても、次々と起きる課題を乗《の》り越《こ》えていかねばなりません。

プロや達人の域まで行けば、満足できるかというと、一流と言われる人たちほど、その道を究《きわ》めきれないことを知っているものです。

アスリート然《しか》り、名人然《しか》り。

生涯《しょうがい》、60度余りの真剣勝負《しんけんしょうぶ》に1度も負けたことなく、日本一の剣豪《けんごう》と謳《うた》われた宮本武蔵《みやもとむさし》も、晩年には、まだまだ未熟だと告白したと伝えられています。

満たせば、もっと満たしたいと2倍の度を増して渇《かわ》いていく。満たそうとすればするほど、満たされないのが相対の幸福です。

相対の幸福は、どこまで求めてもキリがなく、真の安心満足は得られないものです。

（2）続かない

どんなに愛する人と結婚《けっこん》しても、いつ相手が病気になったり、事故に遭《あ》ったりするか分かりません。

心変わりやすれ違《ちが》いで、離婚《りこん》どころか、財産や親権《しんけん》をめぐって、争い合うこともありましょう。

夫を亡《な》くして苦しんでいる人、妻を失って悲嘆《ひたん》している人、子どもに裏切られて激怒《げきど》している人など、周りにあふれているのを見てもわかります。

昨日までの幸せな家庭も、事故や災害で一夜のうちに暗転することもあります。

これらの幸福は、今日あって明日なき幸福ですから歎異抄《たんにしょう》には、「火宅無《かたくむ》常《じょう》の世界《せかい》」と言われています。

「無常《むじょう》」は〝常が無くつづかないこと〟です。

いつ、どのように変わるか分からない世界に生きているから、火宅《かたく》（火がついた家）にいるように、不安が常につきまとうので、私たちの住む世界を火宅無常《かたくむじょう》の世界《せかい》といわれているのです。

（3）死の前には総崩《そうくず》れ

たとえ大きな不幸もなく生きてきたとしても、いざ死んでいくときは、すべてが色を失います。それまで築いてきたお金や財産、地位や名誉《めいよ》が、なんの喜びになるでしょう。

日本の歴史上、彼《かれ》ほど成功した者はないといわれている豊臣秀吉《とよとみひでよし》でも、臨終には「露《つゆ》と落《お》ち　露《つゆ》と消《き》えにし　我《わ》が身《み》かな　浪速《なにわ》のことも　夢《ゆめ》のまた夢《ゆめ》」と告白して死んでいます。

天下を取り太閤《たいこう》まで登りつめ、大坂城《おおさかじょう》や聚楽第《じゅらくだい》を造り、栄耀栄華《えいようえいが》を極《きわ》めたことも、夢の中の夢のような、儚《はかな》いものでしかなかったと、寂《さび》しくこの世を去っています。

死んでゆく時には、金も、財産も、名誉《めいよ》も、地位も、すべて夢のまた夢と消えてしまうものばかりです。

私たちが知っている相対的な幸福には、以上のような悲しい定めがあります。

それに対して無上の幸福（絶対の幸福）は、「人間に生まれてよかった。

私ほどの幸せ者はない」という、大安心・大満足の絶対に変わらぬ、死がきても崩《くず》れない幸福です。

この無上の幸福の存在を教えていかれたのが、釈迦《しゃか》であり、親鸞聖人《しんらんしょうにん》であり、歎異抄《たんにしょう》なのです。

「無上の幸福なんてあるものか」と言う人は、まだ南無阿弥陀仏《なむあみだぶつ》の特効薬の凄《すご》い効能を知られないだけなのだと、親鸞聖人《しんらんしょうにん》は言われています。

特効薬を飲むにはどうすればいいか

では、弥陀《みだ》の創《つく》られた南無阿弥陀仏《なむあみだぶつ》の特効薬を飲むには、どうすればよいのでしょうか。

患者《かんじゃ》にとって最も聞き誤ってはならない問題となります。

先述のように釈迦《しゃか》は、どんな難病でも治す、南無阿弥陀仏《なむあみだぶつ》の特効薬は、すでに弥陀《みだ》の手元に完成していると説かれています。親鸞聖人《しんらんしょうにん》の教えを聞いている人の中には、これを聞き誤って「もう極楽《ごくらく》行きの特効薬ができているのだから、死ねばみんな極楽《ごくらく》に往《ゆ》けるんだ」と、思っている方があるようです。

薬が有るということと、病が治るということとを混同されているようです。

当然ながら、どんな特効薬があっても、飲まなければ病気は治りません。

では、どうすれば南無阿弥陀仏《なむあみだぶつ》の特効薬を飲めるのか、最も知りたいことになります。

弥陀《みだ》の創《つく》られた南無阿弥陀仏《なむあみだぶつ》の特効薬についてのお尋《たず》ねは、弥陀《みだ》のお弟子《でし》である、釈迦《しゃか》にお尋《たず》ねするより道はありません。

そのことは、釈迦《しゃか》も十分に心得られていて、「弥陀《みだ》の創《つく》られた特効薬は、聞くひとつで飲める（頂ける）薬だよ」と、重ねて鮮明《せんめい》に説かれています。

ゆえに親鸞聖人《しんらんしょうにん》も蓮如上人《れんにょしょうにん》も「仏法《ぶっぽう》は聴聞《ちょうもん》に極《きわ》まる」（弥陀《みだ》の誓《ちか》いは、聞くひとつで救うという誓《ちか》いである）と断言されています。

世間では、宗教といえば、「信じる者は救われる。この神を信じなさい」「信心しなさい」「祈《いの》りなさい」「拝みなさい」という、イメージが強いのではないでしょうか。

また仏教といえば、修行《しゅぎょう》や座禅《ざぜん》、瞑想《めいそう》、仏《ほとけ》に祈願《きがん》することなどを、思《おも》い浮《う》かべる人も少なくないと思われます。

しかし、古今東西、すべての人は、仏《ほとけ》や神を信じる心も、祈《いの》る心も持ち合わせていないと、名医・弥陀《みだ》は、とうに見抜《みぬ》かれていました。

私たちが、何かに祈《いの》ったり、信じたりする心が、いかにいい加減でお粗末《そまつ》なものか、こんな笑い話があります。

陣痛《じんつう》の妻に、「金毘羅《こんぴら》ダマシているうちに産んでしまえ」

その日暮らしの、夫婦《ふうふ》がありました。

産気づいた妻が、ウンウン唸《うな》って、家の中を這《は》いずり回《まわ》って苦しんでいます。

医者どころか、助産師も呼べない貧乏暮《びんぼうぐ》らし。妻の苦しむのを見かねた夫が、庭先の井戸《いど》の水を頭からかぶり、かねてから信心していた、金毘羅《こんぴら》の神に助けを求めました。

「南無金毘羅大権現《なむこんぴらだいごんげん》さま。ただいま嬶《かかあ》が難産で七転八倒《しちてんばっとう》苦しんでおります。どうか早く安産できますよう、伏《ふ》して、伏《ふ》してお願い申します」

何度も水をかぶって大地に平伏《へいふく》し、三拝九拝するが、妻の苦しそうな呻《うめ》き声《ごえ》が絶えません。

やはり、ただでタノンでいてもダメなのか。何か捧《ささ》げ物《もの》をしなくてはと、

「大権現《だいごんげん》さまのお力で、無事出産できましたら、銅の鳥居《とりい》を1対《つい》、奉納《ほうのう》させていただきます。

どうか、どうか、お助けください。お願い申します」。

あまりに大声張り上げて頼《たの》むので、家の中にいた妻が心配しました。

う。
「あんた、銅の鳥居《とりい》は高いのよ。ひょっと生まれたらどうするの」
陣痛《じんつう》の苦しみも忘れて叫《さけ》ぶと、振《ふ》り向《む》いた夫が、ケロッとして言ったとい
「やかましい。こう言って金毘羅《こんぴら》をダマシているうちに、さっさと産んでし
まえ」
井戸《いど》の水をかぶって身を清め、「無事、出産しましたら銅の鳥居《とりい》を寄進《きしん》し
ます」と祈《いの》る夫の姿は一見、真面目《まじめ》そうに映ります。
しかしそれは「一応、鳥居《とりい》を寄進《きしん》すると言っといて、子供さえ生まれたら、
こっちのもの」という、身勝手な計算を秘《ひ》めた〝祈《いの》り〟だったのです。
願いがかなうまでは、誠心誠意の姿を装《よそお》い、願いがかなえば舌を出す。こ
んな不実な心の持ち主は、この男だけとは言えないでしょう。

「そんな奴《やつ》は論外だ。自分はもっと真面目《まじめ》に真剣《しんけん》に祈《いの》ったり、信じたりしているよ」と言われる方もありましょう。

確かに先の男のように、神や仏《ほとけ》をだまそうなどとは思わずに、信心している人もあるでしょう。

祈《いの》る心もない私を助けてくれる神はいないのか

明治時代の文豪《ぶんごう》で、クリスチャンの国木田独歩《くにきだどっぽ》が、結核《けっかく》に侵《おか》されて36歳の若さで亡《な》くなる時の、悲泣《ひきゅう》の記録があります。

国木田《くにきだ》は、茅ヶ崎《ちがさき》の南湖院《なんこいん》の病床《びょうしょう》で、かつて洗礼《せんれい》を受けた際の牧師、植村《うえむら》正久《まさひさ》に苦悶《くもん》を訴《うった》えました。次のように言ったと記録されています。

「氏は唯祷《ただいの》れと云《い》う。祷《いの》れば一切《いっさい》の事解決すべしと云《い》う。極《きわ》めて容易なる事なり。

然《しか》れども、余《よ》（私）は祷《いの》ること能《あた》わず。衷心《ちゅうしん》に湧《わ》かざる祈祷《きとう》は主（神）も容《い》れ給《たま》わざらん。祷《いのり》の文句は極《きわ》めて簡易なれど、祷《いのり》の心は難《かた》し、得難《えがた》し。

誰《たれ》か来《きた》りて、この祷《いの》り得《え》ぬ心を救わずや」*8


（祈《いの》りの言葉は簡単だが、死の不安と恐怖《きょうふ》を前に、神を信ずる心がない。神に祈《いの》る心も私には持てぬ。だれか、だれか、神に祈《いの》る心もない私を、助けに来てはくれないか。心底《しんそこ》、信じられないのに、祈《いの》れと言われても、どうしてできようか）

そして、「誰《たれ》か来《きた》りて、この祷《いの》り得《え》ぬ心を救わずや」

（祈《いの》る心もなき者を、助ける神はいないのか）

と言っています。

国木田《くにきだ》のように、真面目《まじめ》に自分の心を見つめれば、仏《ほとけ》や神といわれる存在を、純粋《じゅんすい》に信じる心もなければ、祈《いの》る心もないのが、私たちではないでしょうか。

信じる心も、祈《いの》る心も、念ずる心もない、座禅《ざぜん》も、瞑想《めいそう》も真剣《しんけん》にできないのが、古今東西の人類であることを、名医・弥陀《みだ》は、とうに見抜《みぬ》かれていました。

そんな人間の実相《じっそう》を見抜《みぬ》かれていた弥陀《みだ》は、すべての人を助けるには、無条件の救いでなければならぬと思案し、条件なしの救いを誓《ちか》われているのです。

その弥陀《みだ》の無条件の誓《ちか》いを聞いて、「本当だった」「ウソではなかった」と、弥陀《みだ》の誓願不思議《せいがんふしぎ》と救われた一念《いちねん》に「死後が暗い心の病」が完治し、無上の幸福に生かされるのです。

まさに弥陀《みだ》の救いは、無条件だったと聞く「聴聞《ちょうもん》」に極《きわ》まる教えなのです。

では聴聞《ちょうもん》とは、どんな聞き方なのでしょうか。

「聴《ちょう》」は、よくきいて、深く納得《なっとく》すること

「聴《ちょう》」も「聞《もん》」も「きく」という字ですが、この2文字を親鸞聖人《しんらんしょうにん》は、厳格に区別して説かれています。

まず「聴《ちょう》」とは、「死後が暗い心の病」が一念《いちねん》で完治し、無上の幸福になるまでの道程《どうてい》をいわれます。

弥陀《みだ》の誓願《せいがん》（誓《ちか》い）を説く仏教の師から、「弥陀《みだ》の誓《ちか》い」の本《ほん》・末《まつ》をきいて、深く納得《なっとく》することです。

「弥陀《みだ》の誓《ちか》い」の本《ほん》・末《まつ》とは、

弥陀《みだ》の誓《ちか》いの相手は、どんな者か。

どんな身に救うと誓《ちか》われているのか。

どうすれば救うと誓《ちか》われているのか。

弥陀《みだ》は、誓《ちか》いを果たすのに、どうなされたか、など、真剣《しんけん》にきいて正しく理解するのを「聴《ちょう》」といわれます。

そのように真剣《しんけん》に聴《き》こうとすると、分かった、分かったと素直《すなお》に「弥陀《みだ》の誓《ちか》い」を聴《き》く人はありません。

必ず疑ったり、反発心が噴出《ふんしゅつ》します。

「私が諸仏《しょぶつ》に見捨てられた極悪人《ごくあくにん》とは思えない」

「私のような者が、無上の幸福になれるとは、思えない」

「南無阿弥陀仏《なむあみだぶつ》の六字に、そんな力があるとは信じられない」

「私のような者は、救われないのではなかろうか」など。

聴《き》けば聴《き》くほど「弥陀《みだ》の誓《ちか》い」に、疑惑《ぎわく》の雲がムクムクと湧《わ》き出《で》てきます。

このような疑いが出るのは、真剣《しんけん》に「弥陀《みだ》の誓《ちか》い」を聴《き》いていられる証《あかし》です。

しかし、それを万々《ばんばん》ご承知の上で弥陀《みだ》は、それらの疑心を破る、南無阿弥《なむあみ》陀仏《だぶつ》の特効薬を完成されているのです。

故《ゆえ》に、それらの疑惑心《ぎわくしん》が、一念《いちねん》（瞬間《しゅんかん》）で晴れる時が、必ず来るのです。

「弥陀《みだ》の誓《ちか》い」への疑心が、鮮《あざ》やかに一念《いちねん》で晴れるまで、その誓《ちか》いをきくことを、「聴《ちょう》」といわれるのです。

「聞《もん》」は、疑心が晴れ、難病が完治した一念《いちねん》のこと

次に聴聞《ちょうもん》の「聞《もん》」とは、「弥陀《みだ》の誓《ちか》い」に、疑心が晴れた一念《いちねん》をいいます。

弥陀《みだ》が南無阿弥陀仏《なむあみだぶつ》の特効薬を完成されるまでの、本《ほん》・末《まつ》を聞いて、来世《らいせ》は疑いなく極楽浄土《ごくらくじょうど》へ往《ゆ》ける身になった一念《いちねん》を「聞《もん》」と言われます。

親鸞聖人《しんらんしょうにん》は、この一念《いちねん》を「『弥陀《みだ》の誓《ちか》い』に疑心《ぎしん》あることなし。これを『聞《もん》』という」と言明されています。

親鸞聖人《しんらんしょうにん》は、弥陀《みだ》の誓《ちか》いに「疑心《ぎしん》なし」とは言われずに、「疑心《ぎしん》あることなし」と言われています。

「疑心《ぎしん》なし」と、「疑心《ぎしん》あることなし」では、どこが異なるのでしょうか。

例えば、友人に「１００万円、貸してくれないか」と尋《たず》ねた時に、「とんでもない。１００万円なんて、オレには無いよ」と断られたとします。

こんな友人なら5年か10年後なら、ひょっとしたら借りられるかもしれません。

友人に今後、思わぬ収入があるかもしれないからです。

それに対して、「１００万円なんか、オレにはあることなしだよ」と断られたとしたら、この先、何十年先も可能性はゼロとなりましょう。

「なし」は、現在の話ですが、将来は「ある」かもしれません。
「あることなし」では、将来も「ありっこない」のですから、大きな違《ちが》いがあるのです。

親鸞聖人《しんらんしょうにん》が「『弥陀《みだ》の誓《ちか》い』に疑心《ぎしん》あることなし」と言われているのは、「弥陀《みだ》の誓《ちか》い」に対する疑いが、永久になくなった、ということなのです。

この一念《いちねん》が、ゴールであり、卒業です。

無明業障《むみょうごうしょう》の病《やまい》（死後が暗い心の病）が完治し、無上の幸福になった一念《いちねん》を「聞《もん》」といわれるのです。

●聴聞とは

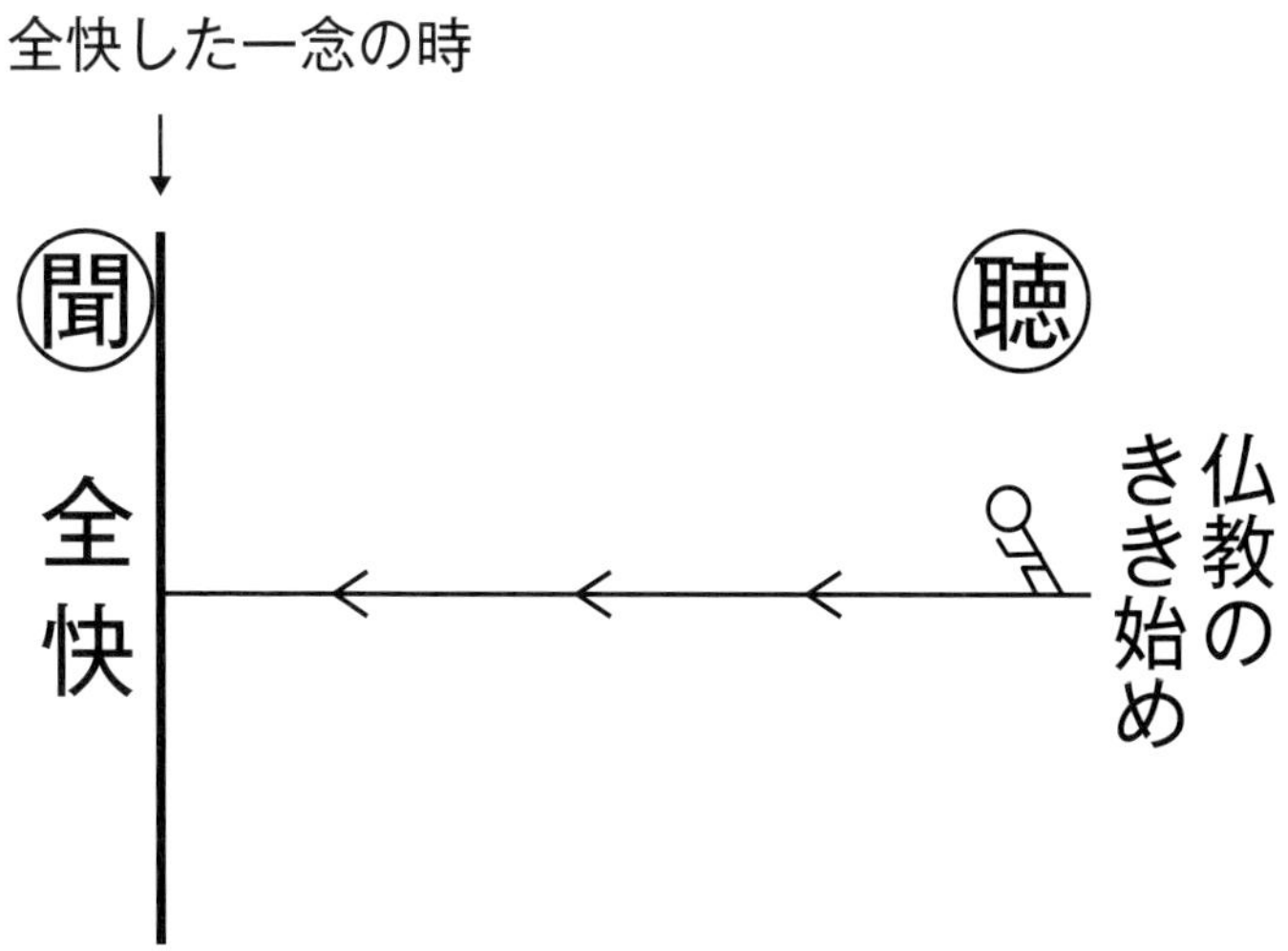

「聴」は、全快に向かって仏教をきくこと。
「聞」は、疑心が晴れ、全快した一念の時であり、縦の線で表している。
全快した後は、感謝の気持ちで仏教を聞かずにおれなくなる。

難病人——すべての人
↑
名医の案内者——釈迦《しゃか》
↑
名医——弥陀《みだ》
↑

第５章
全快

←特効薬――南無阿弥陀仏《なむあみだぶつ》

←第5章 全快――無上の幸福

←お礼

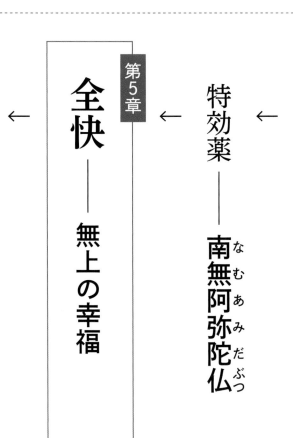

歎異抄《たんにしょう》の全体像の例え話、５番目。

【５】特効薬を飲んで難病が全快した患者《かんじゃ》は大変に喜びました。

名医の創《つく》られた特効薬については、４章で述べました。

名医の指示通り、聞く一つで南無阿弥陀仏《なむあみだぶつ》の特効薬を飲めば「死後が暗い心の病」は全快します。

「死ねばどうなるか、分からぬ心」が晴れて、死ねば極楽浄土《ごくらくじょうど》へ往《い》って、仏《ほとけ》に生まれることが明らかに知らされます。

これを往生一定《おうじょういちじょう》とか、一念《いちねん》で往生《おうじょう》が決まりますから「一念往生《いちねんおうじょう》」とも言われます。

（往生一定《おうじょういちじょう》については134ページに解説）

確実な未来が、限りなく明るい無量光明土《むりょうこうみょうど》の極楽《ごくらく》とハッキリすれば、現在から「人間に生まれてよかった」と、無上の幸福に生かされるのです。

親鸞聖人《しんらんしょうにん》の教え＝平生業成《へいぜいごうじょう》

世間では「念仏《ねんぶつ》さえ称《とな》えていれば、みんな極楽往生《ごくらくおうじょう》して仏《ほとけ》になれるのが、親鸞聖人《しんらんしょうにん》の教えだろう」と思われているようです。

ですから多くの人は、死んだ人を仏《ほとけ》といいます。身元《みもと》の分からぬ遺体を指して無縁仏《むえんぼとけ》と言われています。

しかし、それは『歎異抄《たんにしょう》』に説かれている親鸞聖人《しんらんしょうにん》の教えではありません。親鸞聖人《しんらんしょうにん》は、死ねば誰《だれ》でも極楽浄土《ごくらくじょうど》へ往《ゆ》けるとは、どこにも言われていません。

現在、無明業障《むみょうごうしょう》の病《やまい》（死後が暗い心の病）が完治して、永遠の幸せになっている人が、極楽浄土《ごくらくじょうど》へ往《い》って仏《ほとけ》になれると教えられたのが親鸞聖人《しんらんしょうにん》です。

よって親鸞聖人《しんらんしょうにん》ほど、「生きている平生《へいぜい》に早く『死後が暗い心の病』を治し、無上の幸福になりなさいよ」と、勧《すす》められた方はありませんでした。

だから親鸞聖人《しんらんしょうにん》の教えを「平生業成《へいぜいごうじょう》」といわれるのです。

平生業成（へいぜいごうじょう）と読みます。

この平生業成《へいぜいごうじょう》という言葉は、親鸞聖人《しんらんしょうにん》の教えの、いわば一枚看板です。

平生業成《へいぜいごうじょう》と言えば、親鸞聖人《しんらんしょうにん》の教え。
親鸞聖人《しんらんしょうにん》と言えば、平生業成《へいぜいごうじょう》の教え、と答えれば満点合格です。

一般《いっぱん》に「平生《へいぜい》」と言えば、日常のことのように思われていますが、親鸞聖《しんらんしょう》人《にん》が平生《へいぜい》と言われるのは、死後ではなく、生きている、ただ今のことです。

業成《ごうじょう》の「業《ごう》」とは、無明業障《むみょうごうしょう》の病《やまい》（死後が暗い心の病）の治療《ちりょう》のことです。この病の治療《ちりょう》より大切な事業はありませんから、人生の大事業という意味で「業《ごう》」と言われているのです。

業成《ごうじょう》の「成《じょう》」とは、完成とか、達成したということです。南無阿弥陀仏《なむあみだぶつ》の特効薬を飲めば、「死後が暗い心の病」が完治し、無上の幸福になるという、人生の大事業が完成しますから「成《じょう》」と言われるのです。

「人生には、必ず達成しなければならぬ大事業があります。『死後が暗い心の病』を完治し、無上の幸福になることです。それが、生きている現在、達成できるから、急ぎなさいよ」と、生涯《しょうがい》、教《おし》え勧《すす》められたのが親鸞聖人《しんらんしょうにん》でした。

故《ゆえ》に親鸞聖人《しんらんしょうにん》の教えを、平生業成《へいぜいごうじょう》の教えと言われるのです。

●平生業成とは

平生 ＝ 生きている時

業 ＝ 「死後が暗い心の病」の治療のこと

成 ＝ 完成・達成したこと

親鸞聖人の教えを一言で表した言葉である。

親鸞聖人《しんらんしょうにん》は29歳の時、「救われた」

親鸞聖人《しんらんしょうにん》は、29歳の時、弥陀《みだ》の誓《ちか》い通《どお》りに、無上の幸福に救われました。

それから90歳までの生涯《しょうがい》、苦悩渦巻《くのううずま》く人生が、不滅《ふめつ》の幸せに転じた歓喜《かんぎ》から叫《さけ》ばれたのが、

「誠《まこと》なるかなや、弥陀《みだ》の誓願《せいがん》」でした。

(まことだった！　本当だった！　弥陀《みだ》の誓《ちか》い、ウソではなかった！)

無明業障《むみょうごうしょう》の病《やまい》(死後が暗い心の病)が完治して、筆舌つくせぬ喜びが体一杯《からだいっぱい》に溢《あふ》れ、「今日の1日が尊い。今の一息はもっとありがたい。吸う息、吐《は》

く息《いき》が不思議だ。弥陀《みだ》の誓《ちか》いは、ひとえに、親鸞一人《しんらんいちにん》がためだった」と、歎《たん》異抄《にしょう》に告白されています。

焼けもせず、流されも盗《ぬす》まれもしない、いつも満ちている無上の幸せを「不可称《ふかしょう》・不可説《ふかせつ》・不可思議《ふかしぎ》の功徳《くどく》は、親鸞《しんらん》の身《み》にみてり」と感泣《かんきゅう》されています。

言うことも、説くことも、想像すらもできない幸せが、常に体いっぱいあふれている喜びの告白でした。

そして〝これは決して、親鸞《しんらん》だけのことではないのだよ〟と仰《おっしゃ》って、「人種、性別、年齢《ねんれい》、貧富《ひんぷ》、才能や能力の有無、美醜《びしゅう》、学問、経験などとは関係なく、すべての人が弥陀《みだ》の誓願《せいがん》（誓《ちか》い）どおりに救われて、永遠の幸せになれるのだよ」と、親鸞聖人《しんらんしょうにん》は呼びかけておられます。

もちろん、中には、障害を持った人、重い病気で悩《なや》む人、臨終がさし迫《せま》って苦しんでいる人もあるでしょう。

そんな方たちにも、「あなたも『生まれてきてよかった』と喜べる、無上の幸福になれるのですよ。弥陀《みだ》の救いは一念《いちねん》で達成されますから、手遅《てお》れということはありませんからね」と、親鸞聖人《しんらんしょうにん》は強く念じておられるのです。

すべての人が、聞く一念《いちねん》で無上の幸福に救われる、この「弥陀《みだ》の一念《いちねん》の救い」が、歎異抄《たんにしょう》の最大の魅力《みりょく》であり、哲学者《てつがくしゃ》や知識人が惹《ひ》かれるのも、この「一念《いちねん》の救い」への驚嘆《きょうたん》があるからではないでしょうか。

その無上の幸福を歎異抄《たんにしょう》第7章には、「無碍《むげ》の一道《いちどう》」と言われています。

全快した世界「無碍《むげ》の一道《いちどう》」とは

無碍《むげ》の一道《いちどう》の「無碍《むげ》」の「碍《げ》」とは「さわり」ということです。欲や怒《いか》りなどの煩悩《ぼんのう》や、種々の障害をいいます。

無碍《むげ》とは、そんな「さわりがなくなる」ということではありません。「さわり（煩悩《ぼんのう》・罪悪）が、さわり（妨《さまた》げ）にならなくなり、いつ死んでも必ず極楽浄土《ごくらくじょうど》に往《ゆ》ける」とハッキリするのです。

「一道《いちどう》」とは、「唯一《ゆいいつ》の世界」のことです。

人生には、苦難、困難、災難など、いろいろな難問が、死ぬまで海の波のように絶えません。

無上の幸福に救われても、煩悩《ぼんのう》の塊《かたまり》であることには変わりはありませんから、トラブルに巻《ま》き込《こ》まれたり、大事な人や物を失ったり、病気になって苦しむことは、少しも変わらないのです。

親鸞聖人《しんらんしょうにん》は無碍《むげ》の一道《いちどう》に出ても、欲や怒《いか》り、ねたみ・うらみ、などの煩悩《ぼんのう》は、死ぬまで減りもしなければ、無くなることもないと言明されています。

「人間というは無明《むみょう》・煩悩《ぼんのう》われらが身《み》にみちみちて、欲《よく》もおおく、瞋《いか》り腹《はら》だち、そねみねたむ心《こころ》多《おお》く間《ひま》なくして、臨終《りんじゅう》の一念《いちねん》に至《いた》るまで止《とど》まらず消《き》えず絶《た》えず」

（親鸞聖人《しんらんしょうにん》）

一切《いっさい》のさわりがさわりにならぬ、言葉で表すことも、解説することも、想像すらもできない、そんな世界を親鸞聖人《しんらんしょうにん》は無碍《むげ》の一道《いちどう》と言われているのです。

苦しみが喜びに転じ変わる
常識破りの幸せ

歎異抄《たんにしょう》には、欲や怒《いか》り、ねたみ、うらみの煩悩《ぼんのう》（苦しみ）が、そのまま菩《ぼ》提《だい》（喜び）に転じ変わる世界がある、と書かれています。

これを仏教では「煩悩即菩提《ぼんのうそくぼだい》」と言われます。「菩提《ぼだい》」とは喜びの心です。

「煩悩《ぼんのう》が、そのまま喜びとなる」不思議な世界を、誰《だれ》もが納得《なっとく》されるような説明は至難な業《わざ》ですが、こんな例えでイメージしていただけたらと思います。

田舎《いなか》に生まれ育った少年は、山ひとつ越《こ》えた学校へ、一人で通学しなければなりませんでした。

課外活動で遅《おそ》くなった帰り道などは、ドキッとする淋《さび》しい山道もあります。

夏はジリジリ照りつける太陽に焼かれ、冬は容赦《ようしゃ》なくたたきつける吹雪《ふぶき》に、しゃがみこむこともありました。

雨が降ると、たちまち坂道が滝《たき》になります。

「ああ、もっと学校が近ければ……。この山さえなかったら……」

いつも山と道とを、恨《うら》めしく思うのでした。

やがて学校に可愛《かわい》い少女が転校してきました。なんと彼女《かのじょ》は、同じ村ではありませんか。

以来、しばしば一緒《いっしょ》に通学し、遠い学校のことや、淋《さび》しい山道のことなども語りあう、親しい仲になっていきました。

ある日、学校を出てしばらくすると、にわか雨に襲《おそ》われました。なかなかやみそうにありません。

傘《かさ》は少女の１本だけ。思いがけずに相合傘《あいあいがさ》になった少年は、村に着くまで、心中秘《ひそ》かに思い続けていました。

〝雨が、やまないように〟〝山が、もっと淋《さび》しければ〟〝村が、もっと遠ければよい〟と。

あんなに「苦しめるもの」と恨《うら》んでいた、遠い道のりも、淋《さび》しい山も、少しも変わっていないのに、今は、まったく苦にならない。

かえって苦しみが、楽しみになっているようでした。

一時的にしろ、誰《だれ》にでも身に覚えのあることではないでしょうか。


昔から「渋柿《しぶがき》の　シブがそのまま　甘味《あまみ》かな」と詠《よ》まれているように、シブが強い柿《かき》ほど、甘《あま》い干柿《ほしがき》になるのです。

天日《てんぴ》にあたって、シブがそのまま甘味《あまみ》に転じ変わるように、苦しみが、そのまま喜びに転じ変わることを、仏教では、悪（苦しみ）が転じて善（喜び）と成る、「転悪成善《てんあくじょうぜん》」と説かれています。

辛《つら》い事実も、幸せの種に変わるという、常識破りの幸せです。


「私ほど不幸な者はない」と他人を恨《うら》み、世を呪《のろ》っていた涙《なみだ》の種が、幸せ喜ぶ種となり、逆境にも微笑《びしょう》し、輝《かがや》く世界が拝める不思議です。

流れた苦しい年月も、今は過去形で語られる至福《しふく》となるのです。

親鸞聖人《しんらんしょうにん》は、煩悩《ぼんのう》と喜びの関係を、氷と水の関係に例えられています。

氷が小さければ、解けた水も少量です。

氷（煩悩《ぼんのう》）が大きければ、解けた水（喜び）も多くなるように、煩悩一杯《ぼんのういっぱい》なら、喜びもまた一杯《いっぱい》です。

これを親鸞聖人《しんらんしょうにん》は「さわり（煩悩《ぼんのう》）多《おお》きに、徳《とく》（喜び）多《おお》し」と仰《おっしゃ》っています。

それは丁度、炭素がダイヤモンドになるのと同じでしょう。

真っ黒い安価《あんか》な炭と光《ひか》り輝《かがや》く高価なダイヤモンドは、価値には雲泥《うんでい》の差がありますが、どちらも炭素からできています。同じく炭素からできた黒鉛《こくえん》に

1000度以上の高温で、5万気圧以上の高圧をかけると、ダイヤモンドに輝《かがや》きます。

煩悩《ぼんのう》（罪やさわり）が菩提《ぼだい》（喜び）に転じ変わる、そんな想像も及《およ》ばぬ幸せな身になれるのは、南無阿弥陀仏《なむあみだぶつ》の特効薬の不思議な効能によるのだと親鸞聖人《しんらんしょうにん》は感泣《かんきゅう》されています。

全人類の究極の目的

「死後が暗い心の病」が完治して、無上の幸福になれば、欲や怒《いか》り、ねたみ、うらみなどの煩悩《ぼんのう》は、まったくさわりにならないと説かれています。

そして親鸞聖人《しんらんしょうにん》は、こんな例えでも教えられています。

太陽の出ていない夜は、空一面が雲や霧《きり》で覆《おお》われていても、いなくても、あたりは真っ暗がりです。

しかし、太陽が出ると、空一面が雲や霧《きり》で覆《おお》われていても、雲や霧《きり》の下には、一切《いっさい》、闇《やみ》がなくなるだろう、と言われています。

太陽の出ていない夜と、太陽の出ている昼との違《ちが》いで、親鸞聖人《しんらんしょうにん》が明らかにしようとされていることは、弥陀《みだ》に救われる前と、救われた後は、どこが変わるのか。

また、煩悩《ぼんのう》は、どう変わるのか、ということです。

まず、例えを個別に解説しましょう。

「太陽の出ていない夜」とは、まだ弥陀《みだ》の救いに遇《あ》えず「死後が暗い心」の時です。

「雲や霧《きり》」とは、欲や怒《いか》り、愚痴《ぐち》などの108の煩悩《ぼんのう》を例えられたものです。

「空一面が、雲や霧《きり》に覆《おお》われている」とは、人間は煩悩《ぼんのう》の塊《かたまり》であり、その実態を例えられたものです。

「太陽が出る」とは、弥陀《みだ》の誓《ちか》い通《どお》りに救われて「死後が暗い心の闇《やみ》」がなくなったことです。

しかし、空一面を覆《おお》っている雲や霧《きり》(煩悩《ぼんのう》)は、少しも変わりません。

空一面が雲や霧《きり》に覆《おお》われていても、日光を遮《さえぎ》るものはありませんから、「死後が暗い心の闇《やみ》」は一切《いっさい》無くなるのです。

親鸞聖人《しんらんしょうにん》は、南無阿弥陀仏《なむあみだぶつ》の特効薬で、無明業障《むみょうごうしょう》の病《やまい》が完治すれば、どんなに雲や霧《きり》(煩悩《ぼんのう》)が天を覆《おお》っていても、日光を遮《さえぎ》らないように、煩悩《ぼんのう》は、少しも無上の幸福の妨《さまた》げにはならないことを、絶妙《ぜつみょう》な比喩《ひゆ》で教えられている

●「死後が暗い心の病」の全快前と全快後

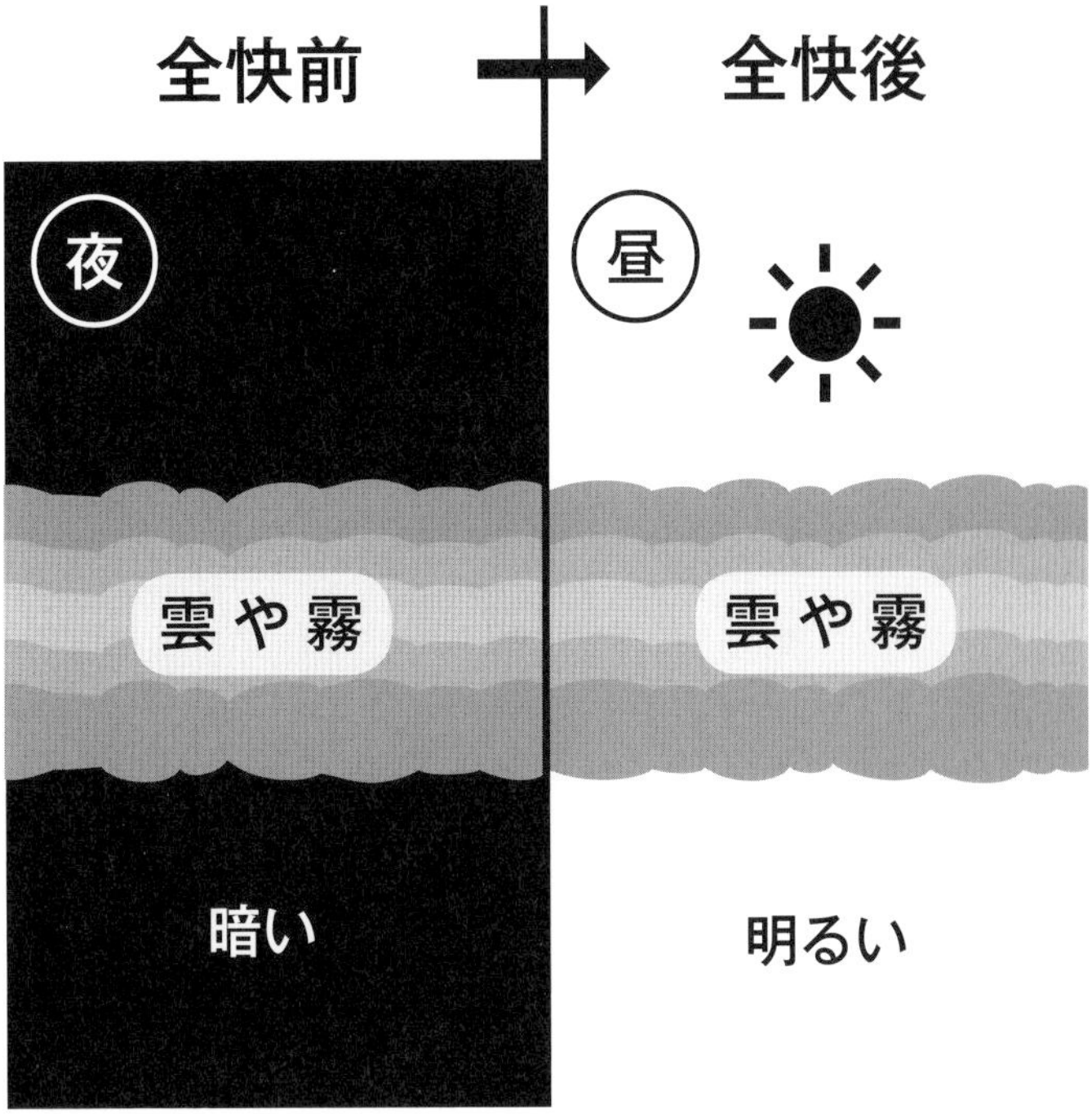

弥陀に救われる前と救われた後は、
どこが変わるのか、を教えられた
親鸞聖人の例え話。

のです。

一切《いっさい》の苦悩《くのう》が安楽と転じ、不自由の中に自在の自由を満喫《まんきつ》できる無碍《むげ》の一《いち》道《どう》こそが、全人類の求めてやまない究極の目的なのです。


すべて川の水は、海に流入すれば一味《いちみ》になるように、どんな高い山頂に降った雨も、しばらくは池や湖などに滞留《たいりゅう》しても、やがては大小の河川《かせん》となり、最後は必ず大海に流入して一味《いちみ》になるのだ、と親鸞聖人《しんらんしょうにん》は仰《おっしゃ》っています。

ひとたび弥陀《みだ》の誓《ちか》いに救われ、無上の幸福になれば、人種や性別、才能の有無、健常者や障害者、職業や貧富《ひんぷ》の違《ちが》いなど関係なく、平等にこの無碍《むげ》の一道《いちどう》の幸せになれるのだと、歎異抄《たんにしょう》に書かれています。

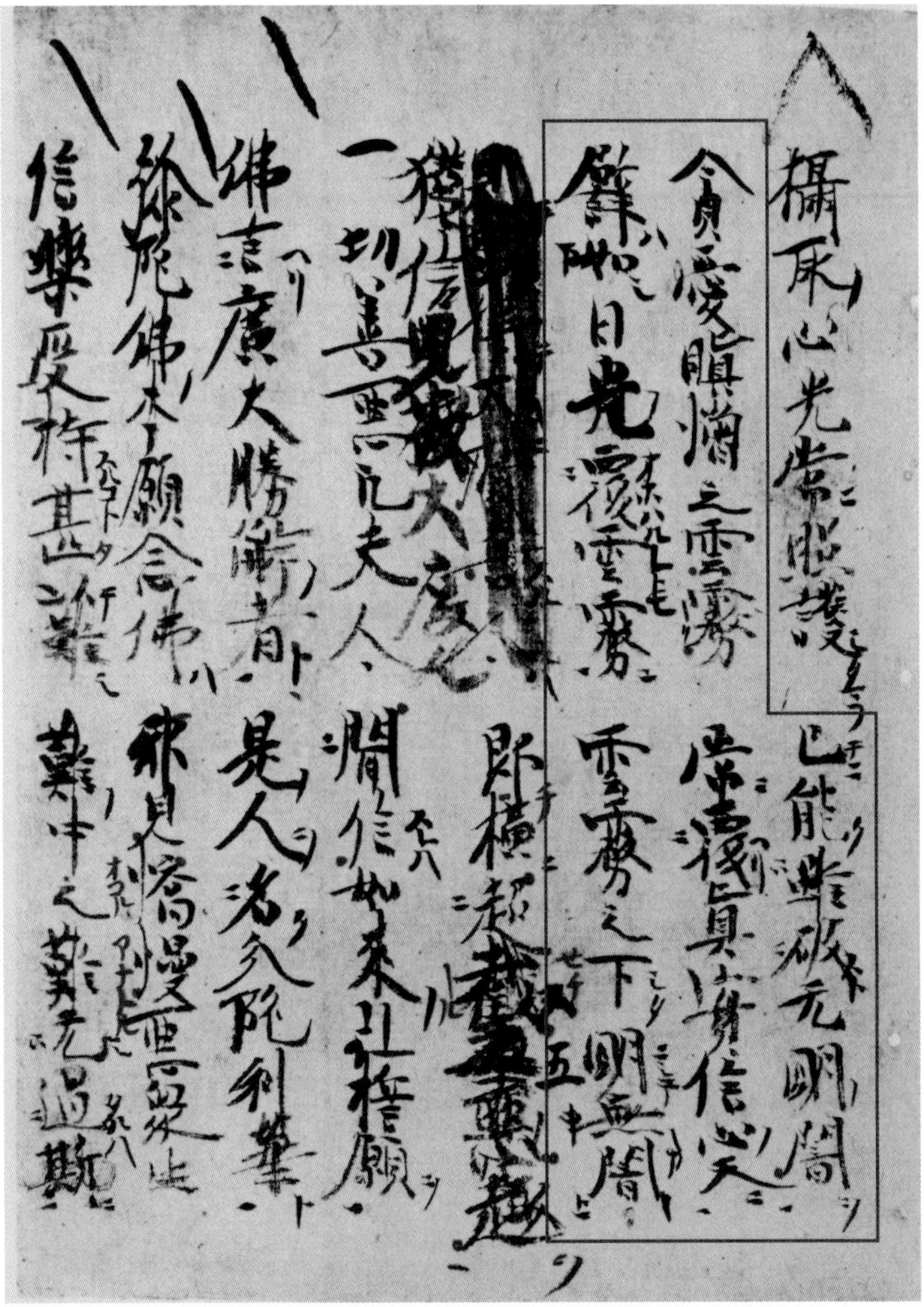
摂取心光常照護
已能雖破無明闇
貪愛瞋憎之雲霧
常覆真実信心天
譬如日光覆雲霧
雲霧之下明無闇
獲信見敬大慶喜
即横超截五悪趣
一切善悪凡夫人
聞信如来弘誓願
仏言広大勝解者
是人名分陀利華
弥陀仏本願念仏
邪見憍慢悪衆生
信楽受持甚以難
難中之難無過斯

親鸞聖人の絶妙な比喩が記された教行信証の一節。
「雲霧の下 明らかにして闇無きが如し」と書かれている。

難病人――すべての人
←名医の案内者――釈迦《しゃか》
←名医――弥陀《みだ》
←

第6章
お礼

← 特効薬 ―― 南無阿弥陀仏《なむあみだぶつ》 ← 全快 ―― 無上の幸福 ← 第6章 お礼 ―― 念仏

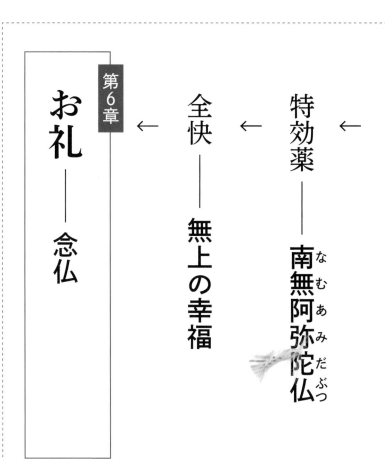

歎異抄《たんにしょう》の全体像の例え話、6番目。

【6】難病が完治した患者《かんじゃ》は、名医と案内者のご恩に深く感謝し、お礼を言わずにおれなくなりました。

永らく苦しんだ無明業障《むみょうごうしょう》の病《やまい》(死後が暗い心の病)が治り、無上の幸福になれば、名医の弥陀《みだ》と、案内者の釈迦《しゃか》、その教えを伝えてくだされた方たちのご恩も知らされ、深い感謝の心が起きるのです。

感謝の言葉は「南無阿弥陀仏《なむあみだぶつ》」

感謝の言葉は、相手によって変わります。

日本人なら「ありがとう」、アメリカ人なら「Thank you（サンキュー）」、フランス人なら「Merci（メルシー）」、中国人なら「謝謝（シェイシェイ）」と言われるでしょう。


それに対して、弥陀《みだ》に対する感謝の言葉は「南無阿弥陀仏」（なむあみだぶつ）と言います。口で南無阿弥陀仏《なむあみだぶつ》と称《とな》えるのを念仏《ねんぶつ》といいます。

特効薬と感謝の言葉が同じなのは、弥陀《みだ》から南無阿弥陀仏《なむあみだぶつ》という特効薬を頂いて救われたからです。「南無阿弥陀仏《なむあみだぶつ》の特効薬を頂いてありがとうございました」と、弥陀《みだ》に感謝し、お礼の言葉として南無阿弥陀仏《なむあみだぶつ》と称《とな》えずにおれなくなるのが、念仏《ねんぶつ》なのです。

しかし、よくよく省《かえり》みると、私たちは、弥陀《みだ》に感謝を表す、正しいお礼の言葉も知らぬものでした。

自分が称《とな》えている念仏《ねんぶつ》のように思っていますが、実は、お礼の念仏《ねんぶつ》も、弥《み》陀《だ》から与《あた》えられたお念仏《ねんぶつ》だったのです。

お礼まで弥陀《みだ》のお力（＝他力《たりき》）で、称《とな》えさせられている念仏《ねんぶつ》ですから「他《た》力《りき》の念仏《ねんぶつ》」と言われるのです。

「念仏《ねんぶつ》さえ称《とな》えていたら、誰《だれ》でも極楽《ごくらく》へ往《ゆ》けると教えられたのが親鸞聖人《しんらんしょうにん》」

と、世間にひろまっている誤解があります。

（『歎異抄《たんにしょう》をひらく』２部３に詳説《しょうせつ》）

しかし、称《とな》える念仏《ねんぶつ》は、弥陀《みだ》の誓《ちか》いによって無上の幸福に助けていただいた、お礼の念仏《ねんぶつ》ですから「お礼を言えば、病気が治る」と言う人はありません。

「早く南無阿弥陀仏《なむあみだぶつ》の特効薬を飲んで、『死後が暗い心の病』を治し、無上の幸福になって、お礼の念仏《ねんぶつ》を称《とな》える身になりなさいよ」と、教《おし》え勧《すす》められたのが親鸞聖人《しんらんしょうにん》なのです。

29歳の御時《おんとき》、無碍《むげ》の一道《いちどう》に救われた親鸞聖人《しんらんしょうにん》は、90歳でお亡《な》くなりになるまで、真実の幸福を伝えたいと『教行信証《きょうぎょうしんしょう》』６巻を著《あらわ》し、弥陀《みだ》の誓願《せいがん》（誓《ちか》い）

ひとつを説き続けていかれました。

無上の幸福に救われた喜びが、どれほど大きかったのでしょうか。常に仰《おっしゃ》っておられた、親鸞聖人《しんらんしょうにん》のお言葉があります。

「弥陀《みだ》の大恩《だいおん》は、身《み》を粉《こ》にしても返せません。釈迦《しゃか》を始め、歴代の仏教の師のご恩も、骨を砕《くだ》いても済みません」と、嘆《なげ》いていられます。

猛火《もうか》の中、護《まも》られた教行信証《きょうぎょうしんしょう》

そんな報恩の熱情は、蓮如上人《れんにょしょうにん》のお弟子《でし》、本光房了顕《ほんこうぼうりょうけん》も同様でした。

それは、福井県の吉崎御坊《よしざきごぼう》が炎上《えんじょう》した時のことでした。

親鸞聖人《しんらんしょうにん》の教えを、全国に伝えられていた蓮如上人《れんにょしょうにん》が拠点《きょてん》とされていた場所が、大火災に襲《おそ》われたのです。

60歳も過ぎられて日常生活もままならず、不自由にされていた蓮如上人《れんにょしょうにん》は、「火事だ！」と叫《さけ》ぶ声に驚《おどろ》かれ、取るものも取りあえず外へ飛び出されます。

「しまった！」と蓮如上人《れんにょしょうにん》が叫《さけ》ばれたのは、その直後のことでした。

丁度、読まれていた親鸞聖人《しんらんしょうにん》直筆の教行信証《きょうぎょうしんしょう》を、居間に置き忘れたことに気づかれたからでした。


どんな人にも不覚はあるもの。

あまりの大きな失態に、身の危険も顧《かえり》みず決死に取りに戻《もど》ろうとされる蓮《れん》如上人《にょしょうにん》を、弟子《でし》の本光房《ほんこうぼう》は見のがしませんでした。

「お任せください、上人《しょうにん》さま」と言うや否《いな》や、脱兎《だっと》のごとく、渦巻《うずま》く猛火《もうか》に躍《おど》りこんで行《い》きました。

地獄《じごく》の炎《ほのお》をくぐり抜《ぬ》け、やっと蓮如上人《れんにょしょうにん》の居間にたどり着いた本光房《ほんこうぼう》は、無事な教行信証《きょうぎょうしんしょう》を握《にぎ》りしめ大きく安堵《あんど》しました。

しかし、時すでに遅《おそ》し。

火は八方に回り、脱出《だっしゅつ》の術《すべ》は断《た》たれていた。

「教行信証《きょうぎょうしんしょう》をお護《まも》りし、蓮如上人《れんにょしょうにん》の御心《みこころ》を安《やす》んじ奉《たてまつ》るには！」

覚悟《かくご》を決した本光房《ほんこうぼう》は、懐剣《かいけん》で腹十文字に切り開き、内臓深く教行信証《きょうぎょうしんしょう》を押《お》し込《こ》み、五体を火炎《かえん》にまかせたのです。

蓮如上人《れんにょしょうにん》の居間あたりの焼《や》け跡《あと》に、焼死体は静かに横たわっていました。

遺体からは血に染まった教行信証《きょうぎょうしんしょう》が、無傷で発見されました。

本光房《ほんこうぼう》の遺体を撫《な》でながら蓮如上人《れんにょしょうにん》は、「そなたに護《まも》られた教行信証《きょうぎょうしんしょう》は、永久《とわ》の灯《ともしび》となって人々を真実の幸せに導くであろう」。

蓮如上人《れんにょしょうにん》の涙《なみだ》はとめどもなく流れ、夕日に輝《かがや》いていました。

本光房《ほんこうぼう》の護《まも》った、この教行信証《きょうぎょうしんしょう》は、「血染《ちぞ》めの聖教《しょうぎょう》」とも「腹《はら》ごもりの聖教《しょうぎょう》」とも呼ばれています。

第7章
『歎異抄』冒頭の言葉

この1文が分かれば『歎異抄《たんにしょう》』が分かる

ここまで『歎異抄《たんにしょう》』の全体像を例え話で解説してきました。

歎異抄《たんにしょう》が多くの人を魅了《みりょう》して止《や》まないのは、格調高い美文という古典の魅《み》力《りょく》を持つからだけではありません。

その内容が、古今東西の人類にとって、最も大切なことを示唆《しさ》しているからだ、と感じとっていただけたのではないでしょうか。

最後に拝読する歎異抄冒頭《たんにしょうぼうとう》のご文《もん》は、その意味を正しく理解されれば、歎《たん》異抄《にしょう》の、すべてが分かると言われるほど、重要な1文です。

（原文）
「弥陀《みだ》の誓願不思議《せいがんふしぎ》に助《たす》けられまいらせて往生《おうじょう》をば遂《と》ぐるなり」と信《しん》じて「念仏申《ねんぶつもう》さん」と思《おも》いたつ心《こころ》のおこるとき、すなわち摂取不《せっしゅふ》捨《しゃ》の利益《りやく》にあずけしめたまうなり。

（『歎異抄《たんにしょう》』第1章）

これは親鸞聖人《しんらんしょうにん》が、弥陀《みだ》の誓願通《せいがんどお》りに一念《いちねん》（瞬間《しゅんかん》）で、無上の幸福に救われた不思議な心情を仰《おっしゃ》ったお言葉です。

本書で説明してきた歎異抄《たんにしょう》の全体像の、例えの内容を振《ふ》りかえりながら、少しずつ親鸞聖人《しんらんしょうにん》のお言葉を区切って、読み解いていきたいと思います。

弥陀《みだ》の誓願《せいがん》不思議《ふしぎ》に助《たす》けられまいらせて

まず、冒頭《ぼうとう》の「弥陀《みだ》の誓願《せいがん》不思議《ふしぎ》に助《たす》けられまいらせて」とは、どういう意味でしょうか。

弥陀《みだ》の誓願《せいがん》については、3章で詳《くわ》しく説明しましたが、大宇宙で唯一《ゆいいつ》の名医である阿弥陀仏《あみだぶつ》の誓《ちか》いです。

弥陀《みだ》は、すべての人を相手に、「苦悩《くのう》の根元《こんげん》である『死後が暗い心の病』を治し、無上の幸福にしてみせる」と、命を懸《か》けて誓《ちか》われています。

親鸞聖人《しんらんしょうにん》が歎異抄《たんにしょう》に「弥陀《みだ》の誓願《せいがん》不思議《ふしぎ》に助《たす》けられまいらせて」と仰《おっしゃ》っているのは、この「不思議《ふしぎ》な弥陀《みだ》の誓《ちか》い通《どお》りに、親鸞《しんらん》は助けていただいた」と仰《おっしゃ》っているのです。

弥陀《みだ》が「死後が暗い心の病」を治し、無上の幸福に助けてくださされるのは、生きている時であると何度もお話ししてきました。

往生《おうじょう》をば遂《と》ぐるなり、と信《しん》じて

次に「往生《おうじょう》をば遂《と》ぐるなり、と信《しん》じて」とは、どんな意味でしょうか。

親鸞聖人《しんらんしょうにん》が「往生《おうじょう》をば遂《と》ぐるなり」と仰《おっしゃ》っているのは、現在、弥陀《みだ》に救われたならば、死ねば必ず、極楽浄土《ごくらくじょうど》へ「往《い》」って、仏《ほとけ》に「生《う》」まれることがハッキリしますから、「往生《おうじょう》をば遂《と》ぐるなり、と信じて」と仰《おっしゃ》っているのです。

生きている現在、弥陀《みだ》の不思議な誓《ちか》い通《どお》りに救われた人は、死ねば必ず、極楽浄土《ごくらくじょうど》へ往《い》って、仏《ほとけ》に生まれることが明らかになります。

弥陀《みだ》の救いは、生きている現在と死後と、2回あるのです。

これを「現当二益《げんとうにやく》」といいます。

「現《げん》」とは、「現在」生きている時のことです。「当《とう》」とは、「当来《とうらい》」のことで、「死後」のことです。

「益《やく》」とは、「幸せ」「救い」の事ですから、弥陀《みだ》の救いは現世《げんせ》と死後の、2回あるので現当二益《げんとうにやく》の教えと言われます。現世《げんせ》は、「死後が暗い心の病」が完治して、無上の幸福に救われ、死後は、極楽浄土《ごくらくじょうど》へ往《い》って仏《ほとけ》に生まれるこ

●現当二益とは

現　＝　生きている時

当　＝　死後

二　＝　2回

益　＝　幸せ・救い

生きている時は無上の幸福に救われ、死後は極楽浄土へ往って仏に生まれることができる。

とができる。

阿弥陀仏《あみだぶつ》の救いは2度あるのです。

「現世《げんせ》、救われた人は、死後も救われるのだから、生きている現在、早く弥《み》陀《だ》の誓《ちか》い通《どお》りに『死後が暗い心の病』を完治して、無上の幸福になりなさい」と教えすすめていかれたのが親鸞聖人《しんらんしょうにん》です。

歎異抄《たんにしょう》に「信《しん》じて」と書かれているのは、「疑いなくハッキリして」ということです。

通常「信じる」とは、疑いのある場合に使われる言葉です。

「○○君は、優秀《ゆうしゅう》だから○○大学に合格すると信じている」

「明日の試合は、専門家の予想にもあった通り、○チームが勝つと信じている」

など、まだハッキリしていない、「もしかしたら」という疑いがある場合に「信じている」と言われます。

反対にハッキリしていることを「信じている」とは言いません。火傷《やけど》でひどい目にあった人が「火は熱いものだと信じている」とは言いません。ハッキリ体験したからです。

しかし、歎異抄《たんにしょう》の「信《しん》じて」は、死ねば極楽浄土《ごくらくじょうど》へ往《ゆ》くと「微塵《みじん》の疑いもなく明らかになって」という意味です。

疑いのある「信じて」ではないことを、よく知っていただかねばなりません。

ここまでの原文と意味を確認しましょう。

（原文）
「弥陀《みだ》の誓願《せいがん》不思議《ふしぎ》に助《たす》けられまいらせて往生《おうじょう》をば遂《と》ぐるなり」と信《しん》じて

（意訳）
「弥陀《みだ》の不思議《ふしぎ》な誓《ちか》い通《どお》りに、現在、無上の幸福に助けていただき、死ねば、極楽浄土《ごくらくじょうど》へ往《い》って仏《ほとけ》に生まれられる」と、ハッキリして。

「念仏申《ねんぶつもう》さん」と思いたつ心のおこるとき

次に「『念仏申《ねんぶつもう》さん』と思いたつ心のおこるとき」とは、どんな心情でしょうか。

「『念仏申《ねんぶつもう》さん』と思いたつ心のおこるとき」とは、弥陀《みだ》に救《すく》い摂《と》られた一《いち》念《ねん》（瞬間《しゅんかん》）の心を表されたものです。

お礼の念仏《ねんぶつ》を称《とな》える直前のことです。

ここを「1度の念仏《ねんぶつ》を称《とな》えたとき」と勘違《かんちが》いをされたり、「親鸞聖人《しんらんしょうにん》の教えは、念仏《ねんぶつ》を称《とな》えれば助かる教え」と誤解されやすいところです。

（『歎異抄《たんにしょう》をひらく』2部1に詳説《しょうせつ》）

「『念仏申《ねんぶつもう》さん』と思いたつ心のおこるとき」とは、「死後が暗い心の病」が完治し、弥陀《みだ》にガチッと救い取られ、絶対の幸福になった一念《いちねん》を言われたものです。

すなわち摂取不捨《せっしゅふしゃ》の利益《りやく》にあずけしめたまうなり

最後に「すなわち摂取不捨《せっしゅふしゃ》の利益《りやく》にあずけしめたまうなり」と仰《おっしゃ》っています。

「すなわち」とは、「死後が暗い心の病」が治り、無上の幸福に生かされた一念《いちねん》のことです。

「摂取不捨《せっしゅふしゃ》の利益《りやく》にあずけしめたまうなり」とは、「摂取不捨《せっしゅふしゃ》の利益《りやく》に生かされるのだ」という断言です。

摂取不捨《せっしゅふしゃ》の利益《りやく》については、３章で述べましたが、摂取不捨《せっしゅふしゃ》とは〝ガチッと救い取って絶対に捨てぬ〟ということです。

利益《りやく》とは〝幸福〟をいいます。

弥陀《みだ》に〝ガチッと抱《だ》き締《し》められて、絶対に変わらない幸福〟を、摂取不捨《せっしゅふしゃ》の利益《りやく》と言われています。無上の幸福のことです。

「摂取《せっしゅ》」の「摂《せつ》」の1字には、逃《に》げ回《まわ》る者を、追いかけて追いかけて、逃《に》げ場《ば》のないところまで、追《お》い詰《つ》めて救うという意味があると、親鸞聖人《しんらんしょうにん》は説かれています。

古今東西、すべての人は、無条件で無上の幸福に救うという「弥陀《みだ》の誓《ちか》い」

を聞いても、疑い、計《はか》らい、はねつけて、弥陀《みだ》に背を向けて逃《に》げ回《まわ》っているのです。

しかし、名医・弥陀《みだ》と案内者・釈迦《しゃか》は、決してあきらめることなく、強靭《きょうじん》な忍耐《にんたい》と辛抱《しんぼう》を重ねて、「死後が暗い心の病」を完治させ、無上の幸福にするまで導いてくださされるのです。

例えれば、ある山間部の溜《た》め池《いけ》に落ちた子犬が、這《は》い上《あ》がろうと必死にもがいている。切り立った周囲の石垣《いしがき》は、高さ2、3メートルもあるだろうか。子犬の力では到底《とうてい》、脱出《だっしゅつ》することは不可能だった。

広さは2000畳《じょう》ぐらいの池だったが、今こそ、底の水は少ないが、雨が降ればたちまち子犬は溺《おぼ》れ死《し》ぬだろう。

やがて、知らせを聞いて救助員が来た。

池底に下りて、子犬に近づこうとするが、チラチラと見るだけで、用心深く子犬は近寄ろうとはしない。餌《えさ》を投げても、逃《に》げ回《まわ》るだけで容易に捕《と》らえられそうもない。

それでも救助員は、追いかけたり、時にはひざまずいて、おびき寄せようとするのだが、子犬は恐《おそ》れて逃《に》げ回《まわ》るのみだった。

救助員は、それでも忍耐強《にんたいづよ》く、追ったり、休んだり、いろいろ画策《かくさく》をめぐらしたので、ついに子犬は逃《に》げ場《ば》がなくなり、ようやく助けられたというのです。

人間を犬に例える非礼を承知の上で言うならば、「弥陀《みだ》の誓願不思議《せいがんふしぎ》だった」と、助けられるまでに、どれほど、弥陀《みだ》・釈迦《しゃか》のご方便《ほうべん》（ご苦労やお導き）があったのだろうか。

逃《に》げ場《ば》がなくなるまで追《お》い詰《つ》めた、救助員の辛抱《しんぼう》からも偲《しの》ばれるのです。

700年前の唯円《ゆいえん》から、私たちに託《たく》された「手紙」

逃《に》げ回《まわ》り、疑《うたが》い抜《ぬ》いた末に「弥陀《みだ》の誓《ちか》い、まことだった！」と、無上の幸福に生かされた親鸞聖人《しんらんしょうにん》からの、「『死後が暗い心の病』が完治した、本当の幸せがある。あなたもその幸せになれる」というメッセージ。

唯円《ゆいえん》が、後世《こうせい》の私達《わたしたち》に書《か》き遺《のこ》してくれた、いわば手紙が、歎異抄《たんにしょう》なのです。

ここまで読まれた方は、その手紙を受け取って、親鸞聖人《しんらんしょうにん》のメッセージを知ることができた、幸せな方に違《ちが》いありません。

この無上の幸福までの道のり、聴聞《ちょうもん》に極《きわ》まる道は、すべての人に共通するのです。

もちろん、人生には、人それぞれ、いろいろな事がありましょう。楽しいことや、嬉《うれ》しいことだけでなく、辛《つら》いことや、悲しいこともあるでしょう。しかし、この無上の幸福を知ったとき、それまでの人生のすべては意味を持ち、無駄《むだ》なものは何一つなくなるのです。

親鸞聖人《しんらんしょうにん》と同じく「弥陀《みだ》の誓《ちか》い、まことだった」と知らされて、無上の幸福に生かされるのは、次はあなたであることを念じて筆をおきたいと思います。

おわりに

『歎異抄《たんにしょう》』――。

筆者と言われる親鸞聖人《しんらんしょうにん》のお弟子《でし》・唯円《ゆいえん》は、正しい師の教えを後世《こうせい》に伝えんと、泣く泣く筆を執《と》りました。

本書の監修者《かんしゅうしゃ》・高森顕徹《たかもりけんてつ》先生もまた、親鸞聖人《しんらんしょうにん》の真実の教えを伝えようと、日本全国、世界各地でご講演をなされ、多くの著書も書かれています。

歎異抄《たんにしょう》や親鸞聖人《しんらんしょうにん》のお名前は、歴史の教科書で知っている程度で、自分の人生とはなんの関係もないと思っている人が、多いのではないでしょうか。

何も知らなかった私たちも、親鸞聖人《しんらんしょうにん》の教えと自分と、どんな関係があるのか全く知りませんでした。

やがて死ぬのに、なぜ生きるのか。

生きる意味を見失っていた私たちに、「なぜ生きる」の答えは親鸞聖人《しんらんしょうにん》の歎異抄《たんにしょう》にあることを明示されて、驚愕《きょうがく》しました。

先生から教えていただいた私たちが、その一端《いったん》なりと歎異抄《たんにしょう》の入門書で著《あらわ》せないかと、ご無理を承知でお願いし、監修《かんしゅう》していただいたのです。

同じようなことを重ねてあり、しつこく思われたでしょうが、入門書に徹《てつ》することを旨《むね》として、平易に鋭意《えいい》努めた結果であると、ご容赦《ようしゃ》いただきたいと思います。

歎異抄《たんにしょう》の原文に対応した意訳を掲載《けいさい》し、親鸞聖人《しんらんしょうにん》のお言葉の原文を引用しながら、歎異抄《たんにしょう》を現代の言葉で分かりやすく解説されているのが、高森顕徹《たかもりけんてつ》先生著『歎異抄《たんにしょう》をひらく』です。

この本で学ばれた知識をもとに、ぜひ熟読していただきたいと念ずるばかりです。

著者記す

《出典》

*1　松野尾潮音「生活のなかの信仰4」(『中外日報』昭和38年8月6日)

*2　司馬遼太郎『司馬遼太郎全講演』1、朝日新聞社、2000年

*3　司馬遼太郎「十三世紀の文章語」(『この国のかたち』2、文藝春秋、1990年)

*4　倉田百三『一枚起請文・歎異鈔』大東出版社、1934年

*5　岸本英夫『死を見つめる心』講談社、1973年

*6　トルストイ(著)、中村白葉・中村融(訳)『懺悔』(『トルストイ全集』14、河出書房新社、1982年)

*7　夏目漱石「模倣と独立」(『現代日本の開化ほか』教育出版、2003年)

*8　国木田独歩『独歩病床録』(『独歩叢書』10、新潮社、1925年)

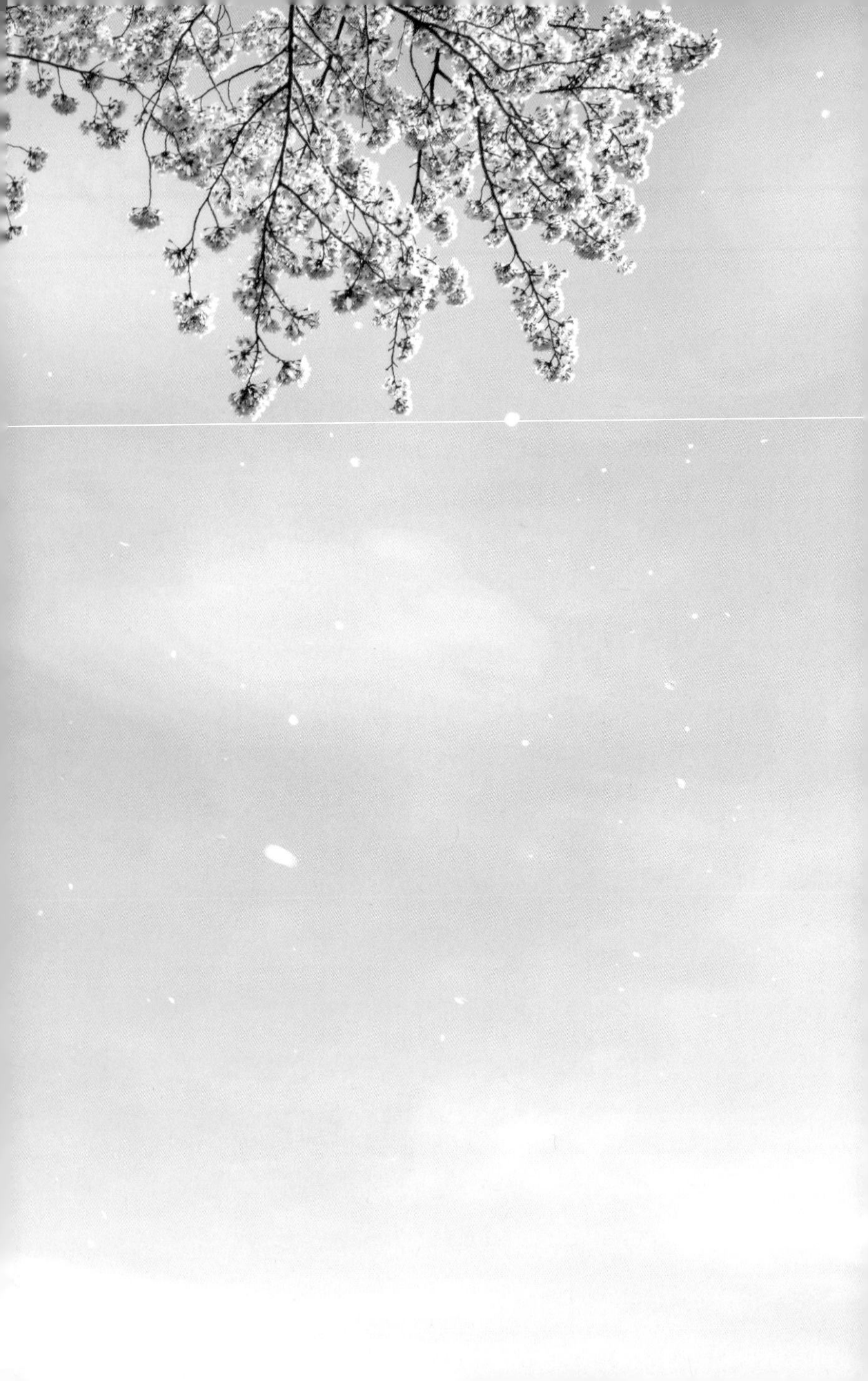

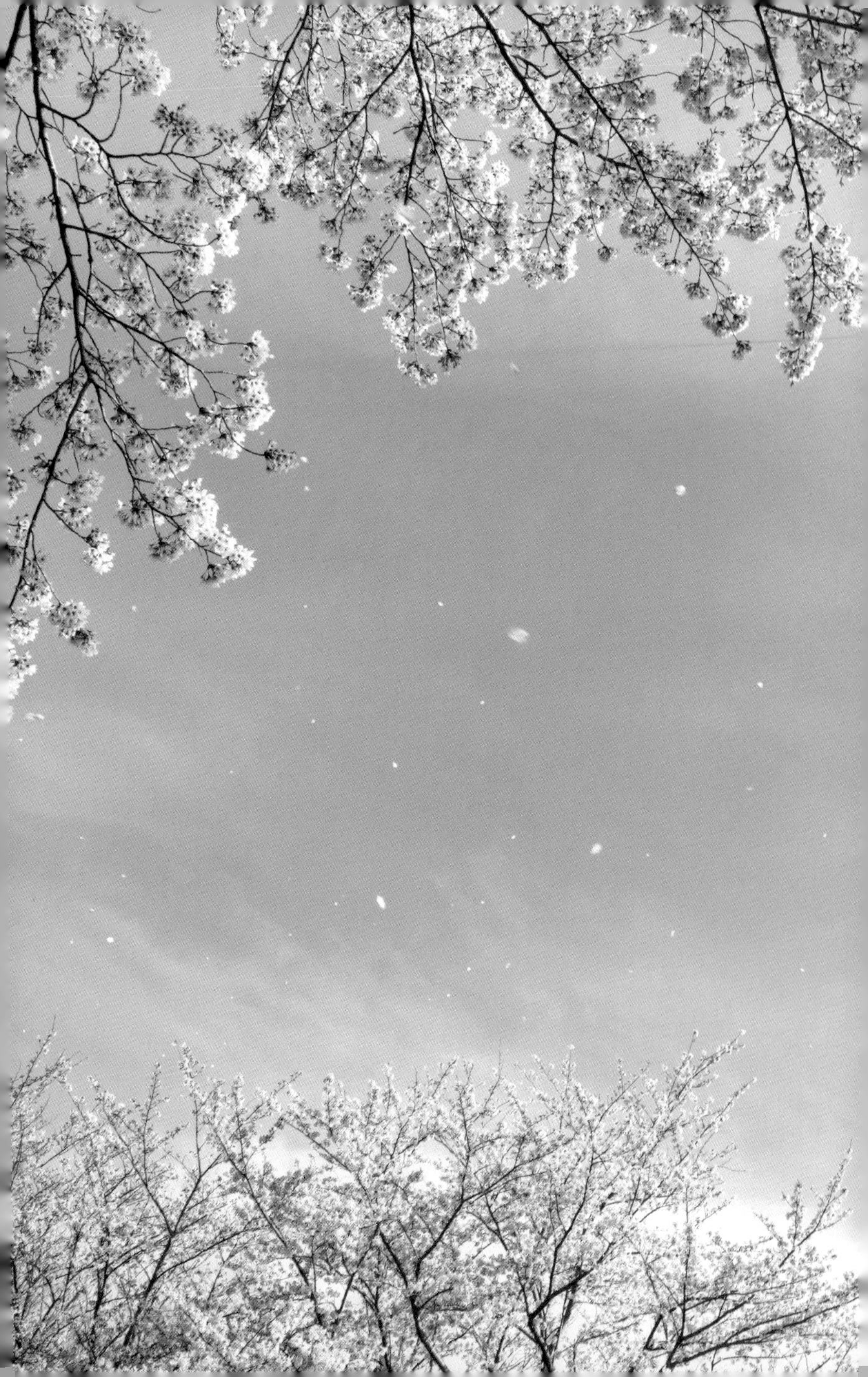

『歎異抄』の原文

【序】

ひそかに愚案《ぐあん》を廻《めぐ》らして、ほぼ古今《ここん》を勘《かんが》うるに、先師《せんし》の口伝《くでん》の真信《しんしん》に異《こと》なることを歎《なげ》き、後学相続《こうがくそうぞく》の疑惑《ぎわく》あることを思《おも》うに、幸《さいわ》いに有縁《うえん》の知識《ちしき》によらずば、いかでか易行《いぎょう》の一門《いちもん》に入《い》ることを得《え》んや。まったく自見《じけん》の覚悟《かくご》をもって、他力《たりき》の宗旨《しゅうし》を乱《みだ》ることなかれ。

よって故親鸞聖人《こしんらんしょうにん》の御物語《おんものがたり》の趣《おもむき》、耳《みみ》の底《そこ》に留《とど》むる所《ところ》、いささかこれを註《しる》す。ひとえに同心行者《どうしんぎょうじゃ》の不審《ふしん》を散《さん》ぜんがためなり。

【第1章】

「弥陀《みだ》の誓願《せいがん》不思議《ふしぎ》に助《たす》けられまいらせて往生《おうじょう》をば遂《と》ぐるなり」と信《しん》じて「念仏申《ねんぶつもう》さん」と思《おも》いたつ心《こころ》のおこるとき、すなわち摂取不捨《せっしゅふしゃ》の利益《りやく》にあずけしめたまうなり。

弥陀《みだ》の本願《ほんがん》には老少善悪《ろうしょうぜんあく》の人《ひと》をえらばず、ただ信心《しんじん》を要《よう》とすと知《し》るべし。

そのゆえは、罪悪深重《ざいあくじんじゅう》・煩悩熾盛《ぼんのうしじょう》の衆生《しゅじょう》を助《たす》けんがための願《がん》にてまします。

しかれば本願《ほんがん》を信《しん》ぜんには、他《た》の善《ぜん》も要《よう》にあらず、念仏《ねんぶつ》にまさるべき善《ぜん》なきがゆえに、悪《あく》をもおそるべからず、弥陀《みだ》の本願《ほんがん》をさまたぐるほどの悪《あく》なきがゆえに、と云々《うんぬん》。

【第2章】

おのおの十余ケ国《じゅうよかこく》の境《さかい》を越《こ》えて、身命《しんみょう》を顧《かえり》みずして訪《たず》ね来《きた》らしめたまう御志《おんこころざし》、ひとえに往生極楽《おうじょうごくらく》の道《みち》を問《と》い聞《き》かんがためなり。

しかるに、念仏《ねんぶつ》よりほかに往生《おうじょう》の道《みち》をも存知《ぞんじ》し、また法文等《ほうもんとう》をも知《し》りたるらんと、心《こころ》にくく思《おぼ》し召《め》しておわしましてはんべらば、大《おお》きなる誤《あやま》りなり。

もししからば、南都北嶺《なんとほくれい》にもゆゆしき学匠《がくしょう》たち多《おお》く座《おわ》せられて候《そうろう》なれば、かの人々《ひとびと》にもあいたてまつりて、往《おう》生《じょう》の要《よう》よくよく聞《き》かるべきなり。

親鸞《しんらん》におきては、「ただ念仏《ねんぶつ》して弥陀《みだ》に助《たす》けられまいらすべし」と、よき人《ひと》の仰《おお》せを被《かぶ》りて信《しん》ずるほかに、別《べっ》の子細《しさい》なきなり。

念仏《ねんぶつ》は、まことに浄土《じょうど》に生《う》まるるたねにてやはんべるらん、また地獄《じごく》に堕《お》つる業《ごう》にてやはんべるらん、総《そう》じてもって存知《ぞんじ》せざるなり。たとい法然聖人《ほうねんしょうにん》にすかされまいらせて、念仏《ねんぶつ》して地獄《じごく》に堕《お》ちたりとも、さらに後悔《こうかい》すべからず候《そうろう》。

そのゆえは、自余《じよ》の行《ぎょう》を励《はげ》みて仏《ぶつ》になるべかりける身《み》が、念仏《ねんぶつ》を申《もう》して地獄《じごく》にも堕《お》ちて候《そうら》わばこそ、「すかされたてまつりて」という後悔《こうかい》も候《そうら》わめ。いずれの行《ぎょう》も及《およ》び難《がた》き身《み》なれば、とても地獄《じごく》は一定《いちじょう》すみかぞかし。

弥陀《みだ》の本願《ほんがん》まことにおわしまさば、釈尊《しゃくそん》の説教《せっきょう》、虚言《きょごん》なるべからず。仏説《ぶっせつ》まことにおわしまさば、善導《ぜんどう》の御釈《おんしゃく》、虚言《きょごん》したまうべからず。善導《ぜんどう》の御釈《おんしゃく》まことならば、法然《ほうねん》の仰《おお》せ、そらごとならんや。法然《ほうねん》の仰《おお》せまことならば、親鸞《しんらん》が申《もう》す旨《むね》、またもってむなしかるべからず候《そうろう》か。詮《せん》ずるところ、愚身《ぐしん》が信心《しんじん》におきてはかくのごとし。このうえは、念仏《ねんぶつ》をとりて信《しん》じたてまつらんとも、またすてんとも、面々《めんめん》の御計《おんはか》らいなり、と云々《うんぬん》。

【第3章】

善人《ぜんにん》なおもって往生《おうじょう》を遂《と》ぐ、いわんや悪人《あくにん》をや。しかるを世《よ》の人《ひと》つねにいわく、「悪人《あくにん》なお往生《おうじょう》す、いかにいわんや善人《ぜんにん》をや」。この条《じょう》、一旦《いったん》そのいわれあるに似《に》たれども、本願他力《ほんがんたりき》の意趣《いしゅ》に背《そむ》けり。

そのゆえは、自力作善《じりきさぜん》の人《ひと》は、ひとえに他力《たりき》をたのむ心欠《こころか》けたる間《あいだ》、弥陀《みだ》の本願《ほんがん》にあらず。しかれども、自力《じりき》の心《こころ》をひるがえして、他力《たりき》をたのみたてまつれば、真実《しんじつ》報土《ほうど》の往生《おうじょう》を遂《と》ぐるなり。

煩悩具足《ぼんのうぐそく》の我《われ》らはいずれの行《ぎょう》にても生死《しょうじ》を離《はな》るることあるべからざるを憐《あわ》れみたまいて願《がん》をおこしたまう本意《ほんい》、

悪人成仏《あくにんじょうぶつ》のためなれば、他力《たりき》をたのみたてまつる悪人《あくにん》、もっとも往生《おうじょう》の正因《しょういん》なり。よって善人《ぜんにん》だにこそ往生《おうじょう》すれ、まして悪人《あくにん》は、と仰《おお》せ候《そうら》いき。

【第4章】

慈悲《じひ》に聖道《しょうどう》・浄土《じょうど》のかわりめあり。

聖道《しょうどう》の慈悲《じひ》というは、ものを憐《あわ》れみ愛《かな》しみ育《はぐく》むなり。しかれども、思《おも》うがごとく助《たす》け遂《と》ぐること、極《きわ》めてありがたし。

浄土《じょうど》の慈悲《じひ》というは、念仏《ねんぶつ》して急《いそ》ぎ仏《ほとけ》になりて、大慈《だいじ》大悲心《だいひしん》をもって思《おも》うがごとく衆生《しゅじょう》を利益《りやく》するをいうべきなり。

今生《こんじょう》に、いかにいとおし不便《ふびん》と思《おも》うとも、存知《ぞんじ》のごとく助《たす》け難《がた》ければ、この慈悲《じひ》始終《しじゅう》なし。しかれば念仏申《ねんぶつもう》すのみぞ、末徹《すえとお》りたる大慈悲心《だいじひしん》にて候《そうろう》べき、と云々《うんぬん》。

【第5章】

親鸞《しんらん》は父母《ふも》の孝養《こうよう》のためとて念仏《ねんぶつ》、一返《いっぺん》にても申《もう》したることいまだ候《そうら》わず。

そのゆえは、一切《いっさい》の有情《うじょう》は皆《みな》もって世々《せせ》生々《しょうじょう》の父母《ふも》兄弟《きょうだい》なり。いずれもいずれも、この順次《じゅんじ》生《しょう》に仏《ぶつ》に成《な》りて助《たす》け候《そうろう》べきなり。

わが力《ちから》にて励《はげ》む善《ぜん》にても候《そうら》わばこそ、念仏《ねんぶつ》を廻向《えこう》して父母《ふも》をも助《たす》け候《そうら》わめ、ただ自力《じりき》をすてて急《いそ》ぎ浄土《じょうど》のさとりを開《ひら》きなば、六道四生《ろくどうししょう》のあいだ、いずれの業苦《ごうく》に沈《しず》めりとも、神通方便《じんずうほうべん》をもってまず有縁《うえん》を度《ど》すべきなり、と云々《うんぬん》。

【第6章】

専修念仏《せんじゅねんぶつ》の輩《ともがら》の、「わが弟子《でし》、ひとの弟子《でし》」という相論《そうろん》の候《そうろう》らんこと、もってのほかの子細《しさい》なり。

親鸞《しんらん》は弟子《でし》一人《いちにん》ももたず候《そうろう》。

そのゆえは、わが計《はか》らいにて人《ひと》に念仏《ねんぶつ》を申《もう》させ候《そうら》わばこそ、弟子《でし》にても候《そうら》わめ、ひとえに弥陀《みだ》の御《おん》もよおしにあずかりて念仏申《ねんぶつもう》し候人《そうろうひと》を、「わが弟子《でし》」と申《もう》すこと、極《きわ》めたる荒涼《こうりょう》のことなり。

つくべき縁《えん》あれば伴《ともな》い、離《はな》るべき縁《えん》あれば離《はな》るることのあるをも、「師《し》を背《そむ》きて人《ひと》につれて念仏《ねんぶつ》すれば、往生《おうじょう》すべからざるものなり」なんどいうこと不可説《ふかせつ》なり。

如来《にょらい》より賜《たまわ》りたる信心《しんじん》を、わがもの顔《がお》に取《と》り返《かえ》さんと申《もう》すにや。かえすがえすも、あるべからざることなり。自然《じねん》の理《ことわり》にあいかなわば、仏恩《ぶっとん》をも知《し》り、また師《し》の恩《おん》をも知《し》るべきなり、と云々《うんぬん》。

【第7章】

念仏者《ねんぶつしゃ》は無碍《むげ》の一道《いちどう》なり。そのいわれ如何《いかん》とならば、信心《しんじん》の行者《ぎょうじゃ》には、天神《てんじん》・地祇《ちぎ》も敬伏《きょうぶく》し、魔界《まかい》・外道《げどう》も障《しょう》碍《げ》することなし。罪悪《ざいあく》も業報《ごうほう》を感《かん》ずることあたわず、諸《しょ》善《ぜん》も及《およ》ぶことなきゆえに、無碍《むげ》の一道《いちどう》なり、と云々《うんぬん》。

【第8章】

念仏《ねんぶつ》は行者《ぎょうじゃ》のために非行《ひぎょう》・非善《ひぜん》なり。

わが計《はか》らいにて行《ぎょう》ずるにあらざれば非行《ひぎょう》という、わが計《はか》らいにてつくる善《ぜん》にもあらざれば非善《ひぜん》という。

ひとえに他力《たりき》にして自力《じりき》を離《はな》れたるゆえに、行者《ぎょうじゃ》のためには非行《ひぎょう》・非善《ひぜん》なり、と云々《うんぬん》。

【第9章】

「念仏《ねんぶつ》申《もう》し候《そうら》えども、踊躍歓喜《ゆやくかんぎ》の心《こころ》おろそかに候《そうろう》こと、また急《いそ》ぎ浄土《じょうど》へ参《まい》りたき心《こころ》の候《そうら》わぬは、いかにと候《そうろう》べきことにて候《そうろう》やらん」と申《もう》しいれて候《そうら》いしかば、

「親鸞《しんらん》もこの不審《ふしん》ありつるに、唯円房《ゆいえんぼう》、同《おな》じ心《こころ》にてありけり。よくよく案《あん》じみれば、天《てん》におどり地《ち》におどるほどに喜《よろこ》ぶべきことを喜《よろこ》ばぬにて、いよいよ往生《おうじょう》は一定《いちじょう》と思《おも》いたまうべきなり。

喜《よろこ》ぶべき心《こころ》を抑《おさ》えて喜《よろこ》ばせざるは、煩悩《ぼんのう》の所為《しょい》なり。しかるに仏《ぶつ》かねて知《し》ろしめして、煩悩具足《ぼんのうぐそく》の凡夫《ぼんぶ》と仰《おお》せられたることなれば、他力《たりき》の悲願《ひがん》は、かくのごときの我《われ》らがためなりけりと知《し》られて、いよいよ頼《たの》もしく覚《おぼ》ゆるなり。

また浄土《じょうど》へ急《いそ》ぎ参《まい》りたき心《こころ》のなくて、いささか所労《しょろう》のこともあれば、死《し》なんずるやらんと心細《こころぼそ》く覚《おぼ》ゆることも、煩悩《ぼんのう》の所為《しょい》なり。

久遠劫《くおんごう》より今《いま》まで流転《るてん》せる苦悩《くのう》の旧里《きゅうり》はすてがたく、いまだ生《う》まれざる安養《あんよう》の浄土《じょうど》は恋《こい》しからず候《そうろう》こと、まことによくよく煩悩《ぼんのう》の興盛《こうじょう》に候《そうろう》にこそ。

名残惜《なごりお》しく思《おも》えども、娑婆《しゃば》の縁《えん》つきて力《ちから》なくして終《お》わるときに、かの土《ど》へは参《まい》るべきなり。急《いそ》ぎ参《まい》りたき心《こころ》なき者《もの》を、ことに憐《あわ》れみたまうなり。

これにつけてこそ、いよいよ大悲大願《だいひだいがん》は頼《たの》もしく、往《おう》生《じょう》は決定《けつじょう》と存《ぞん》じ候《そうら》え。

踊躍歓喜《ゆやくかんぎ》の心《こころ》もあり、急《いそ》ぎ浄土《じょうど》へも参《まい》りたく候《そうら》わんには、煩悩《ぼんのう》のなきやらんと、あやしく候《そうら》いなまし」と云々《うんぬん》。

【第10章】

念仏《ねんぶつ》には無義《むぎ》をもって義《ぎ》とす、不可称《ふかしょう》・不可説《ふかせつ》・不可《ふか》思議《しぎ》のゆえに、と仰《おお》せ候《そうら》いき。

【別序】

そもそもかの御在生《ございしょう》の昔《むかし》、同《おな》じ志《こころざし》にして歩《あゆ》みを遼遠《りょうえん》の洛陽《らくよう》に励《はげ》まし、信《しん》を一《ひと》つにして心《こころ》を当来《とうらい》の報土《ほうど》にかけし輩《ともがら》は、同時《どうじ》に御意趣《ごいしゅ》を承《うけたまわ》りしかども、その人々《ひとびと》に伴《ともな》いて念仏申《ねんぶつもう》さるる老若《ろうにゃく》、その数《かず》を知《し》らずおわします中《なか》に、聖《しょう》人《にん》の仰《おお》せにあらざる異義《いぎ》どもを、近来《ちかごろ》は多《おお》く仰《おお》せられおうて候由《そうろうよし》、伝《つた》え承《うけたまわ》る。いわれなき条々《じょうじょう》の子細《しさい》のこと。

【第11章】

一文不通《いちもんふつう》の輩《ともがら》の念仏申《ねんぶつもう》すにおうて、「汝《なんじ》は誓願不思議《せいがんふしぎ》を信《しん》じて念仏申《ねんぶつもう》すか、また名号不思議《みょうごうふしぎ》を信《しん》ずるか」と言《い》い驚《おどろ》かして、二《ふた》つの不思議《ふしぎ》の子細《しさい》をも分明《ふんみょう》に言《い》いひらかずして、人《ひと》の心《こころ》を惑《まど》わすこと。この条《じょう》、かえすがえすも心《こころ》をとどめて思《おも》い分《わ》くべきことなり。

誓願《せいがん》の不思議《ふしぎ》によりて、たもちやすく、称《とな》えやすき名号《みょう》を案《あん》じ出《いだ》したまいて、「この名字《みょうじ》を称《とな》えん者《もの》を迎《むか》えとらん」と御約束《おんやくそく》あることなれば、まず「弥陀《みだ》の大悲大願《だいひだいがん》の不思議《ふしぎ》に助《たす》けられまいらせて生死《しょうじ》を出《い》ずべし」と信《しん》じて、「念仏《ねんぶつ》の申《もう》さるるも、如来《にょらい》の御計《おんはか》らいなり」と思《おも》えば、少《すこ》しも自《みずか》らの計《はか》らい交《まじ》わらざるがゆえに、本願《ほんがん》に相《そう》応《おう》して実報土《じっぽうど》に往生《おうじょう》するなり。これは誓願《せいがん》の不思議《ふしぎ》をむねと信《しん》じたてまつれば、名号《みょうごう》の不思議《ふしぎ》も具足《ぐそく》して、誓願《せいがん》・名号《みょうごう》の不思議《ふしぎ》一《ひと》つにして、さらに異《こと》なることなきなり。次《つぎ》に自《みずか》らの計《はか》らいをさしはさみて、善悪《ぜんあく》の二《ふた》つにつきて、往生《おうじょう》の助《たす》け・障《さわ》り、二様《ふたよう》に思《おも》うは、誓願《せいがん》の不思議《ふしぎ》をばたのまずして、わが心《こころ》に往生《おうじょう》の業《ごう》を励《はげ》みて、申《もう》すところの念仏《ねんぶつ》をも自行《じぎょう》になすなり。この人《ひと》は、名号《みょうごう》の不思議《ふしぎ》をもまた信《しん》ぜざるなり。信《しん》ぜざれども、辺地《へんじ》・懈慢《けまん》・疑《ぎ》城《じょう》・胎宮《たいぐ》にも往生《おうじょう》して、果遂《かすい》の願《がん》のゆえに、ついに報土《ほうど》に生《しょう》ずるは、名号不思議《みょうごうふしぎ》の力《ちから》なり。これすなわち誓願不《せいがんふ》思議《しぎ》のゆえなれば、ただ一《ひと》つなるべし。

【第12章】

経釈《きょうしゃく》を読《よ》み学《がく》せざる輩《ともがら》、往生不定《おうじょうふじょう》の由《よし》のこと。この条《じょう》、すこぶる不足言《ふそくごん》の義《ぎ》と言《い》いつべし。

他力真実《たりきしんじつ》の旨《むね》を明《あ》かせる諸《もろもろ》の聖教《しょうぎょう》は、本願《ほんがん》を信《しん》じ念仏《ねんぶつ》を申《もう》さば仏《ぶつ》に成《な》る、そのほか何《なに》の学問《がくもん》かは往生《おうじょう》の要《よう》なるべきや。まことにこの理《ことわり》に迷《まよ》えらん人《ひと》は、いかにもいかにも学問《がくもん》して、本願《ほんがん》の旨《むね》を知《し》るべきなり。経釈《きょうしゃく》を読《よ》み学《がく》すといえども、聖教《しょうぎょう》の本意《ほんい》を心得《こころえ》ざる条《じょう》、もっとも不便《ふびん》のことなり。

一文不通《いちもんふつう》にして経釈《きょうしゃく》の行《ゆ》く路《じ》も知《し》らざらん人《ひと》の、称《とな》えやすからんための名号《みょうごう》におわしますゆえに、易行《いぎょう》という。学問《がくもん》を旨《むね》とするは聖道門《しょうどうもん》なり、難行《なんぎょう》と名《な》づく。「あやまって学問《がくもん》して名聞利養《みょうもんりよう》のおもいに住《じゅう》する人《ひと》、順次《じゅんじ》の往生《おうじょう》いかがあらんずらん」という証文《しょうもん》も候《そうろう》べきや。

当時《とうじ》、専修念仏《せんじゅねんぶつ》の人《ひと》と聖道門《しょうどうもん》の人《ひと》、諍論《じょうろん》を企《くわだ》てて、「わが宗《しゅう》こそ勝《すぐ》れたれ、人《ひと》の宗《しゅう》は劣《おと》りなり」と言《い》うほどに、法敵《ほうてき》も出《い》で来《きた》り、謗法《ほうぼう》もおこる。これしかしながら、自《みずか》らわが法《ほう》を破謗《はぼう》するにあらずや。たとい諸門《しょもん》こぞりて「念仏《ねんぶつ》はかいなき人《ひと》のためなり、その宗浅《しゅうあさ》しいやし」と言《い》うとも、さらに争《あらそ》わずして、「我《われ》らがごとく下根《げこん》の凡夫《ぶ》、一文不通《いちもんふつう》の者《もの》の、信《しん》ずれば助《たす》かる由《よし》、承《うけたまわ》りて信《しん》じ候《そうら》えば、さらに上根《じょうこん》の人《ひと》のためにはいやしくとも、我《われ》らがためには最上《さいじょう》の法《ほう》にてまします。たとい自余《じよ》の教法《きょうぼう》は勝《すぐ》れたりとも、自《みずか》らがためには器量及《きりょうおよ》ばざれば、つとめがたし。我《われ》も人《ひと》も生死《しょうじ》を離《はな》れんことこそ諸仏《しょぶつ》の御本意《ごほんい》にておわしませば、御妨《おんさまた》げあるべからず」とて、にくい気《げ》せずは、誰《たれ》の人《ひと》かありて仇《あだ》をなすべきや。かつは「諍論《じょうろん》のところには諸《もろもろ》の煩悩《ぼんのう》おこる、智者遠離《ちしゃおんり》すべき」由《よし》の証文《しょうもん》候《そうろう》にこそ。

故聖人《こしょうにん》の仰《おお》せには、「『この法《ほう》をば信《しん》ずる衆生《しゅじょう》もあり、誇《そし》る衆生《しゅじょう》もあるべし』と、仏説《ぶつと》きおかせたまいたることなれば、我《われ》はすでに信《しん》じたてまつる、また人《ひと》ありて誇《そし》るにて、仏説《ぶっせつ》まことなりけりと知《し》られ候《そうろう》。しかれば『往生《おうじょう》はいよいよ一定《いちじょう》』と思《おも》いたまうべきなり。あやまって謗《そし》る人《ひと》の候《そうら》わざらんにこそ、『いかに信《しん》ずる人《ひと》はあれども、謗《そし》る人《ひと》のなきやらん』ともおぼえ候《そうら》いぬべけれ。かく申《もう》せばとて、必《かなら》ず人《ひと》に謗《そし》られんとにはあらず。仏《ぶっ》のかねて信謗《しんぼう》ともにあるべき旨《むね》を知《し》ろしめして、『人《ひと》の疑《うたが》いをあらせじ』と説《と》きおかせたまうことを申《もう》すなり」とこそ候《そうら》いしか。

今《いま》の世《よ》には、学問《がくもん》して人《ひと》の謗《そし》りをやめ、ひとえに論義《ろんぎ》問答旨《もんどうむね》とせんとかまえられ候《そうろう》にや。学問《がくもん》せば、いよいよ如来《にょらい》の御本意《ごほんい》を知《し》り、悲願《ひがん》の広大《こうだい》の旨《むね》をも存知《ぞんじ》して、「いやしからん身《み》にて往生《おうじょう》はいかが」なんどと危《あや》ぶまん人《ひと》にも、本願《ほんがん》には善悪《ぜんあく》・浄穢《じょうえ》なき趣《おもむき》をも説《と》き聞《き》かせられ候《そうら》わばこそ、学匠《がくしょう》の甲斐《かい》にても候《そうら》わめ、たまたま何心《なにごころ》もなく本願《ほんがん》に相応《そうおう》して念仏《ねんぶつ》する人《ひと》をも、「学問《がくもん》してこそ」なんどと言《い》いおどさるること、法《ほう》の魔障《ましょう》なり、仏《ぶつ》の怨敵《おんてき》なり。自《みずか》ら他力《たりき》の信心《しんじん》欠《か》くるのみならず、あやまって他《た》を迷《まよ》わさんとす。

つつしんで恐《おそ》るべし、先師《せんし》の御心《みこころ》に背《そむ》くことを。かねて憐《あわ》れむべし、弥陀《みだ》の本願《ほんがん》にあらざることを。

【第13章】

弥陀《みだ》の本願《ほんがん》不思議《ふしぎ》におわしませばとて悪《あく》をおそれざるは、また本願《ほんがん》ぼこりとて往生《おうじょう》かなうべからずということ。

この条《じょう》、本願《ほんがん》を疑《うたが》う、善悪《ぜんあく》の宿業《しゅくごう》を心得《こころえ》ざるなり。

善《よ》き心《こころ》のおこるも宿善《しゅくぜん》のもよおすゆえなり。悪事《あくじ》の思《おも》われせらるるも悪業《あくごう》の計《はか》らうゆえなり。故聖人《こしょうにん》の仰《おお》せには、「卯毛《うのけ》・羊毛《ひつじのけ》のさきにいる塵《ちり》ばかりも、つくる罪《つみ》の宿業《しゅくごう》にあらずということなしと知《し》るべし」と候《そうら》いき。

またあるとき、「唯円房《ゆいえんぼう》はわが言《い》うことをば信《しん》ずるか」と仰《おお》せの候《そうら》いし間《あいだ》、「さん候《ぞうろう》」と申《もう》し候《そうら》いしかば、「さらば言《い》わんこと違《たが》うまじきか」と重《かさ》ねて仰《おお》せの候《そうら》いし間《あいだ》、つつしんで領状申《りょうじょうもう》して候《そうら》いしかば、「たとえば人《ひと》を千人《せんにん》殺《ころ》してんや、しからば往生《おうじょう》は一定《いちじょう》すべし」と仰《おお》せ候《そうら》いしとき、「仰《おお》せにては候《そうら》えども、一人《いちにん》もこの身《み》の器量《きりょう》にては殺《ころ》しつべしともおぼえず候《そうろう》」と申《もう》して候《そうら》いしかば、「さてはいかに親鸞《しんらん》が言《い》うことを違《たが》うまじきとは言《い》うぞ」と。「これにて知《し》るべし、何事《なにごと》も心《こころ》にまかせたることならば、往生《おうじょう》のために千人殺《せんにんころ》せと言《い》わんに、すなわち殺《ころ》すべし。しかれども一人《いちにん》にてもかないぬべき業縁《ごうえん》なきによりて害《がい》せざるなり。わが心《こころ》の善《よ》くて殺《ころ》さぬにはあらず、また害《がい》せじと思《おも》うとも百人千人《ひゃくにんせんにん》を殺《ころ》すこともあるべし」と仰《おお》せの候《そうら》いしは、我《われ》らが心《こころ》の善《よ》きをば善《よ》しと思《おも》い、悪《あ》しきことをば悪《あ》しと思《おも》いて、願《がん》の不思議《ふしぎ》にて助《たす》けたまうということを知《し》らざることを、仰《おお》せの候《そうら》いしなり。

そのかみ、邪見《じゃけん》におちたる人《ひと》あって、「悪《あく》をつくりたる者《もの》を助《たす》けんという願《がん》にてましませば」とて、わざと好《この》みて悪《あく》をつくりて、「往生《おうじょう》の業《ごう》とすべき」由《よし》を言《い》いて、ようように悪《あ》し様《ざま》なることの聞《き》こえ候《そうら》いしとき、御消息《ごしょうそく》に「薬《くすり》あればとて毒《どく》を好《この》むべからず」とあそばされて候《そうろう》は、かの邪執《じゃしゅう》を止《や》めんがためなり。まったく「悪《あく》は往生《おうじょう》の障《さわ》りたるべし」とにはあらず。持戒持律《じかいじりつ》にてのみ本願《ほんがん》を信《しん》ずべくは、我《われ》らいかでか生死《しょうじ》を離《はな》るべきや。かかる浅《あさ》ましき身《み》も、本願《ほんがん》にあいたてまつりてこそ、げにほこられ候《そうら》え。さればとて、身《み》にそなえざらん悪業《あくごう》は、よもつくられ候《そうら》わじものを。

また、「海河《うみかわ》に網《あみ》をひき釣《つ》りをして世《よ》を渡《わた》る者《もの》も、野《の》山《やま》に獣《しし》を狩《か》り鳥《とり》をとりて命《いのち》をつぐ輩《ともがら》も、商《あきな》いをもし田畠《たはた》を作《つく》りて過《す》ぐる人《ひと》も、ただ同《おな》じことなり」と。

「さるべき業縁《ごうえん》のもよおせば、いかなる振《ふ》る舞《ま》いもすべし」とこそ、聖人《しょうにん》は仰《おお》せ候《そうら》いしに、当時《とうじ》は後世者《ごせしゃ》ぶりして、善からん者ばかり念仏申すべきように、あるいは道場に貼り文をして、「何々の事したらん者をば、道《どう》場《じょう》へ入《い》るべからず」なんどということ、ひとえに賢善精進《けんぜんしょうじん》の相《そう》を外《ほか》に示《しめ》して、内《うち》には虚仮《こけ》を懐《いだ》けるものか。

願《がん》にほこりてつくらん罪《つみ》も、宿業《しゅくごう》のもよおすゆえなり。されば善《よ》きことも悪《あ》しきことも、業報《ごうほう》にさしまかせて、ひとえに本願《ほんがん》をたのみまいらすればこそ、他力《たりき》にては候《そうら》え。『唯信抄《ゆいしんしょう》』にも、「弥陀《みだ》いかばかりの力《ちから》ましますと知《し》りてか、罪業《ざいごう》の身《み》なれば救《すく》われ難《がた》しと思《おも》うべき」と候《そうろう》ぞかし。本願《ほんがん》にほこる心《こころ》のあらんにつけてこそ、他力《たりき》をたのむ信心《しんじん》も決定《けつじょう》しぬべきことにて候《そうら》え。

おおよそ悪業煩悩《あくごうぼんのう》を断《だん》じ尽《つ》くして後《のち》、本願《ほんがん》を信《しん》ぜんのみぞ、願《がん》にほこる思《おも》いもなくてよかるべきに、煩悩《ぼんのう》を断《だん》じなばすなわち仏《ぶつ》になり、仏《ぶつ》のためには五劫思惟《ごこうしゆい》の願《がん》、その詮《せん》なくやましまさん。本願《ほんがん》ぼこりと誡《いまし》めらるる人々《ひとびと》も、煩悩不浄具足《ぼんのうふじょうぐそく》せられてこそ候《そうろう》げなれ。それは願《がん》にほこらるるにあらずや。いかなる悪《あく》を本願《ほんがん》ぼこりという、いかなる悪《あく》がほこらぬにて候《そうろう》べきぞや。かえりて心幼《こころおさな》きことか。

【第14章】

「一念《いちねん》に八十億劫《はちじゅうおくこう》の重罪《じゅうざい》を滅《めっ》すと信《しん》ずべし」ということ。

この条《じょう》は十悪《じゅうあく》・五逆《ごぎゃく》の罪人《ざいにん》、日《ひ》ごろ念仏《ねんぶつ》を申《もう》さずして、命終《みょうじゅう》のとき、初《はじ》めて善知識《ぜんぢしき》の教《おし》えにて、一念申《いちねんもう》せば八十《はちじゅう》億劫《おくこう》の罪《つみ》を滅《めっ》し、十念申《じゅうねんもう》せば十《と》八十億劫《はちじゅうおくこう》の重罪《じゅうざい》を滅《めっ》して往生《おうじょう》すといえり。

これは十悪《じゅうあく》・五逆《ごぎゃく》の軽重《きょうじゅう》を知《し》らせんがために、一念《いちねん》・十念《じゅうねん》といえるか。滅罪《めつざい》の利益《りやく》なり。いまだ我《われ》らが信《しん》ずるところに及《およ》ばず。

そのゆえは、弥陀《みだ》の光明《こうみょう》に照《て》らされまいらするゆえに、一念発起《いちねんほっき》するとき金剛《こんごう》の信心《しんじん》を賜《たまわ》りぬれば、すでに定聚《じょうじゅ》の位《くらい》におさめしめたまいて、命終《みょうじゅう》すれば、諸《もろもろ》の煩悩悪障《ぼんのうあくしょう》を転《てん》じて、無生忍《むしょうにん》をさとらしめたまうなり。「この悲願《ひがん》ましまさずは、かかる浅《あさ》ましき罪人《ざいにん》、いかでか生死《しょうじ》を解《げ》脱《だつ》すべき」と思《おも》いて、一生《いっしょう》の間申《あいだもう》すところの念仏《ねんぶつ》は、皆《みな》悉《ことごと》く「如来大悲《にょらいだいひ》の恩《おん》を報《ほう》じ、徳《とく》を謝《しゃ》す」と思《おも》うべきなり。

念仏申《ねんぶつもう》さんごとに罪《つみ》を滅《ほろ》ぼさんと信《しん》ぜば、すでに我《われ》と罪《つみ》を消《け》して往生《おうじょう》せんと励《はげ》むにてこそ候《そうろう》なれ。もししからば、一生《いっしょう》の間思《あいだおも》いと思《おも》うこと、皆生死《みなしょうじ》の絆《きずな》にあらざることなければ、命《いのち》つきんまで念仏退転《ねんぶつたいてん》せずして往生《おうじょう》すべし。ただし業報《ごうほう》かぎりあることなれば、いかなる不思議《ふしぎ》のことにもあい、また病悩苦痛《びょうのうくつう》をせめて正念《しょうねん》に住《じゅう》せずして終《お》わらん、念仏申《ねんぶつもう》すこと難《かた》し。その間《あいだ》の罪《つみ》は、いかがして滅《めっ》すべきや。罪消《つみき》えざれば往生《おうじょう》はかなうべからざるか。摂取不捨《せっしゅふしゃ》の願《がん》をたのみたてまつらば、いかなる不思議《ふしぎ》ありて悪業《あくごう》をおかし、念仏申《ねんぶつもう》さずして終《お》わるとも、すみやかに往生《おうじょう》を遂《と》ぐべし。また念仏《ねんぶつ》の申《もう》されんも、ただ今《いま》さとりを開《ひら》かんずる期《ご》の近《ちか》づくにしたがいても、いよいよ弥陀《みだ》をたのみ御恩《ごおん》を報《ほう》じたてまつるにてこそ候《そうら》わめ。罪《つみ》を滅《めっ》せんと思《おも》わんは自力《じりき》の心《こころ》にして臨終正念《りんじゅうしょうねん》といのる人《ひと》の本意《ほんい》なれば、他力《たりき》の信心《しんじん》なきにて候《そうろう》なり。

【第15章】

煩悩具足《ぼんのうぐそく》の身《み》をもって、すでにさとりを開《ひら》くということ。この条《じょう》、もってのほかの事《こと》に候《そうろう》。即身成仏《そくしんじょうぶつ》は真言秘教《しんごんひきょう》の本意《ほんい》、三密行業《さんみつぎょうごう》の証果《しょうか》なり。六根清浄《ろっこんしょうじょう》はまた法華一乗《ほっけいちじょう》の所説《しょせつ》、四安楽《しあんらく》の行《ぎょう》の感徳《かんとく》なり。これ皆《みな》、難行上根《なんぎょうじょうこん》のつとめ、観念成就《かんねんじょうじゅ》のさとりなり。来生《らいしょう》の開覚《かいかく》は他力浄土《たりきじょうど》の宗旨《しゅうし》、信心決定《しんじんけつじょう》の道《どう》なるがゆえなり。これまた易行下根《いぎょうげこん》のつとめ、不簡善悪《ふけんぜんあく》の法《ほう》なり。

おおよそ今生《こんじょう》においては煩悩《ぼんのう》・悪障《あくしょう》を断《だん》ぜんこと、極《きわ》めてありがたき間《あいだ》、真言《しんごん》・法華《ほっけ》を行《ぎょう》ずる浄侶《じょうりょ》、なおもって順次生《じゅんじしょう》のさとりをいのる。いかにいわんや戒行《かいぎょう》・恵解《えげ》ともになしといえども、弥陀《みだ》の願船《がんせん》に乗《じょう》じて生死《しょうじ》の苦海《くかい》を渡《わた》り、報土《ほうど》の岸《きし》につきぬるものならば、煩悩《ぼんのう》の黒雲《こくうん》はやく霽《は》れ、法性《ほっしょう》の覚月《かくげつ》すみやかに現《あらわ》れて、尽十方《じんじっぽう》の無碍《むげ》の光明《こうみょう》に一味《いちみ》にして、一切《いっさい》の衆生《しゅじょう》を利益《りやく》せんときにこそ、さとりにては候《そうら》え。

この身《み》をもってさとりを開《ひら》くと候《そうろう》なる人《ひと》は、釈尊《しゃくそん》のごとく種々《しゅじゅ》の応化《おうげ》の身《しん》をも現《げん》じ、三十二相《さんじゅうにそう》・八十随形好《はちじゅうずいぎょうこう》をも具足《ぐそく》して、説法利益候《せっぽうりやくそうろう》にや。これをこそ今生《こんじょう》にさとりを開《ひら》く本《ほん》とは申《もう》し候《そうら》え。

和讃《わさん》にいわく、「金剛堅固《こんごうけんご》の信心《しんじん》の、さだまるときをまちえてぞ、弥陀《みだ》の心光摂護《しんこうしょうご》して、ながく生死《しょうじ》をへだてける」とは候《そうら》えば、信心《しんじん》の定《さだ》まるときにひとたび摂取《せっしゅ》して捨《す》てたまわざれば、六道《ろくどう》に輪廻《りんね》すべからず。しかればながく生死《しょうじ》をば隔《へだ》て候《そうろう》ぞかし。かくのごとく知《し》るを、さとるとは言《い》い紛《まぎ》らかすべきや。あわれに候《そうろう》をや。

「浄土真宗《じょうどしんしゅう》には、今生《こんじょう》に本願《ほんがん》を信《しん》じて、かの土《ど》にしてさとりをば開《ひら》くとならい候《そうろう》ぞ」とこそ、故聖人《こしょうにん》の仰《おお》せには候《そうら》いしか。

【第16章】

信心《しんじん》の行者《ぎょうじゃ》、自然《じねん》に腹《はら》をも立《た》て、悪《あ》し様《ざま》なる事《こと》をもおかし、同朋同侶《どうぼうどうりょ》にもあいて口論《こうろん》をもしては、必《かなら》ず廻心《えしん》すべしということ。この条《じょう》、断悪修善《だんあくしゅぜん》のここちか。一向専修《いっこうせんじゅ》の人《ひと》においては、廻心《えしん》ということただ一度《ひとたび》あるべし。その廻心《えしん》は、日《ひ》ごろ本願他力真宗《ほんがんたりきしんしゅう》を知《し》らざる人《ひと》、弥陀《みだ》の智慧《ちえ》を賜《たまわ》りて、「日《ひ》ごろの心《こころ》にては往生《おうじょう》かなうべからず」と思《おも》いて、本《もと》の心《こころ》をひきかえて、本願《ほんがん》をたのみまいらするをこそ、廻心《えしん》とは申《もう》し候《そうら》え。

一切《いっさい》の事《じ》に朝《あした》・夕《ゆうべ》に廻心《えしん》して、往生《おうじょう》を遂《と》げ候《そうろう》べくば、人《ひと》の命《いのち》は、出《い》ずる息《いき》、入《い》る息《いき》を待《ま》たずして終《お》わることなれば、廻心《えしん》もせず、柔和忍辱《にゅうわにんにく》の思《おも》いにも住《じゅう》せざらん前《さき》に命《いのち》つきば、摂取不捨《せっしゅふしゃ》の誓願《せいがん》はむなしくならせおわしますべきにや。

口《くち》には「願力《がんりき》をたのみたてまつる」と言《い》いて、心《こころ》には「さこそ悪人《あくにん》を助《たす》けんという願不思議《がんふしぎ》にましますというとも、さすが善《よ》からん者《もの》をこそ助《たす》けたまわんずれ」と思《おも》うほどに、願力《がんりき》を疑《うたが》い他力《たりき》をたのみまいらする心欠《こころか》けて、辺地《へんじ》の生《しょう》を受《う》けんこと、もっとも歎《なげ》き思《おも》いたまうべきことなり。

信心定《しんじんさだ》まりなば往生《おうじょう》は弥陀《みだ》に計《はか》らわれまいらせてする

ことなれば、わが計《はか》らいなるべからず。悪《わろ》からんにつけても、いよいよ願力《がんりき》を仰《あお》ぎまいらせば、自然《じねん》の理《ことわり》にて柔和忍辱《にゅうわにんにく》の心《こころ》も出《い》でくべし。すべて万《よろず》の事《こと》につけて往生《おうじょう》には賢《かしこ》き思《おも》いを具《ぐ》せずして、ただほれぼれと弥陀《みだ》の御恩《ごおん》の深重《じんじゅう》なること、常《つね》は思《おも》い出《いだ》しまいらすべし。しかれば念《ねん》仏《ぶつ》も申《もう》され候《そうろう》。これ自然《じねん》なり。わが計《はか》らわざるを自然《じねん》と申《もう》すなり。これすなわち他力《たりき》にてましますなり。しかるを、自然《じねん》ということの別《べつ》にあるように、我物知《われものし》り顔《がお》に言《い》う人《ひと》の候由承《そうろうよしうけたまわ》る、浅《あさ》ましく候《そうろう》なり。

【第17章】

辺地《へんじ》の往生《おうじょう》を遂《と》ぐる人《ひと》、ついには地獄《じごく》に堕《お》つべしということ。この条《じょう》、いずれの証文《しょうもん》に見《み》え候《そうろう》ぞや。学匠《がくしょう》だつる人《ひと》の中《なか》に言《い》い出《いだ》さるることにて候《そうろう》なることこそ、浅《あさ》ましく候《そうら》え。経《きょう》・論《ろん》・聖教《しょうぎょう》をばいかように見《み》なされて候《そうろう》やらん。信心《しんじん》欠《か》けたる行者《ぎょうじゃ》は、本願《ほんがん》を疑《うたが》うによりて辺地《へんじ》に生《しょう》じて、疑《うたが》いの罪《つみ》をつぐのいて後《のち》、報土《ほうど》のさとりを開《ひら》くとこそ承《うけたまわ》り候《そうら》え。

信心《しんじん》の行者少《ぎょうじゃすく》なきゆえに、化土《けど》に多《おお》くすすめ入《い》れられ候《そうろう》を、「ついにむなしくなるべし」と候《そうろう》なるこそ、如来《にょらい》に虚妄《こもう》を申《もう》しつけまいらせられ候《そうろう》なれ。

【第18章】

仏法《ぶっぽう》の方《かた》に施入物《せにゅうもつ》の多少《たしょう》にしたがいて、大《だい》・小仏《しょうぶつ》に成《な》るべしということ。この条《じょう》、不可説《ふかせつ》なり、不可説《ふかせつ》なり。

比興《ひきょう》のことなり。

まず仏《ぶつ》に大《だい》・小《しょう》の分量《ぶんりょう》を定《さだ》めんことあるべからず候《そうろう》や。かの安養浄土《あんようじょうど》の教主《きょうしゅ》の御身量《ごしんりょう》を説《と》かれて候《そうろう》も、それは方便報身《べんほうじん》のかたちなり。法性《ほっしょう》のさとりを開《ひら》いて長短《ちょうたん》・方円《ほうえん》のかたちにもあらず、青《しょう》・黄《おう》・赤《しゃく》・白《びゃく》・黒《こく》の色《いろ》をも離《はな》れなば、何《なに》をもってか大小《だいしょう》を定《さだ》むべきや。念仏申《ねんぶつもう》すに化仏《けぶつ》を見《み》たてまつるということの候《そうろう》なるこそ、「大念《だいねん》には大《だい》仏《ぶつ》を見《み》、小念《しょうねん》には小仏《しょうぶつ》を見《み》る」といえるが、もしこの理《ことわり》なんどにばし、ひきかけられ候《そうろう》やらん。

かつはまた檀波羅蜜《だんばらみつ》の行《ぎょう》とも言《い》いつべし。いかに宝物《たからもの》を仏前《ぶつぜん》にもなげ、師匠《ししょう》にも施《ほどこ》すとも、信心欠《しんじんか》けなばその詮《せん》なし。一紙半銭《いっしはんせん》も仏法《ぶっぽう》の方《かた》に入《い》れずとも、他力《たりき》に心《こころ》をなげて信心深《しんじんふか》くば、それこそ願《がん》の本意《ほんい》にて候《そうら》わめ。すべて仏法《ぶっぽう》に事《こと》を寄《よ》せて世間《せけん》の欲心《よくしん》もあるゆえに、同朋《どうぼう》を言《い》いおどさるるにや。

【後序】

右条々《みぎじょうじょう》は皆《みな》もって、信心《しんじん》の異《こと》なるより起《お》こり候《そうろう》か。故聖人《こしょうにん》の御物語《おんものがたり》に、法然聖人《ほうねんしょうにん》の御時《おんとき》、御弟子《おんでし》その数多《かずおお》かりける中《なか》に、同《おな》じ御信心《ごしんじん》の人《ひと》も少《すく》なくおわしけるにこそ、親鸞御同朋《しんらんおんどうぼう》の御中《おんなか》にして御相論《ごそうろん》のこと候《そうら》いけり。そのゆえは、「善信《ぜんしん》が信心《しんじん》も聖人《しょうにん》の御信心《ごしんじん》も一《ひと》つなり」と仰《おお》せの候《そうら》いければ、勢観房《せいかんぼう》・念仏房《ねんぶつぼう》なんど申《もう》す御同朋《おんどうぼう》達《たち》、もってのほかに争《あらそ》いたまいて、「いかでか聖人《しょうにん》の御《ご》信心《しんじん》に善信房《ぜんしんぼう》の信心《しんじん》一《ひと》つにはあるべきぞ」と候《そうら》いければ、「聖人《しょうにん》の御智慧才覚《おんちえさいかく》博《ひろ》くおわしますに、一《ひと》つならんと申《もう》さばこそ僻事《ひがごと》ならめ、往生《おうじょう》の信心《しんじん》においては全《まった》く異《こと》なることなし、ただ一《ひと》つなり」と御返答《ごへんとう》ありけれども、なお「いかでかその義《ぎ》あらん」という疑難《ぎなん》ありければ、詮《せん》ずるところ聖人《しょうにん》の御前《おんまえ》にて自他《じた》の是非《ぜひ》を定《さだ》むべきにて、この子細《しさい》を申《もう》し上《あ》げければ、法然聖人《ほうねんしょうにん》の仰《おお》せには、「源空《げんくう》が信心《しんじん》も如来《にょらい》より賜《たまわ》りたる信心《しんじん》なり、善信房《ぜんしんぼう》の信心《しんじん》も如《にょ》来《らい》より賜《たまわ》らせたまいたる信心《しんじん》なり、さればただ一《ひと》つなり。

別《べつ》の信心《しんじん》にておわしまさん人《ひと》は、源空《げんくう》が参《まい》らんずる浄土《じょうど》へは、よも参《まい》らせたまい候《そうら》わじ」と仰《おお》せ候《そうら》いしかば、当《とう》時《じ》の一向専修《いっこうせんじゅ》の人々《ひとびと》の中《なか》にも、親鸞《しんらん》の御信心《ごしんじん》に一《ひと》つならぬ御《おん》ことも候《そうろう》らんとおぼえ候《そうろう》。いずれもいずれも繰《く》り言《ごと》にて候《そうら》えども、書《か》き付《つ》け候《そうろう》なり。

露命《ろめい》わずかに枯草《こそう》の身《み》にかかりて候《そうろう》ほどにこそ、相伴《あいともな》わしめたまう人々《ひとびと》、御不審《ごふしん》をも承《うけたまわ》り、聖人《しょうにん》の仰《おお》せの候《そうら》いし趣《おもむき》をも申《もう》し聞《き》かせ参《まい》らせ候《そうら》えども、閉眼《へいがん》の後《のち》は、さこそしどけなき事《こと》どもにて候《そうら》わんずらめと歎《なげ》き存《ぞん》じ候《そうら》いて、かくのごとくの義《ぎ》ども仰《おお》せられあい候人々《そうろうひとびと》にも、言《い》い迷《まよ》わされなんどせらるることの候《そうら》わんときは、故聖人《こしょうにん》の御《おん》心《こころ》にあいかないて御用《おんもち》い候御聖教《そうろうおんしょうぎょう》どもを、よくよく御覧《ごらん》候《そうろう》べし。

おおよそ聖教《しょうぎょう》には、真実《しんじつ》・権仮《ごんけ》ともに相交《あいまじ》わり候《そうろう》なり。権《ごん》をすてて実《じつ》をとり、仮《け》をさしおきて真《しん》を用《もち》いるこそ、聖人《しょうにん》の御本意《ごほんい》にて候《そうら》え。かまえてかまえて聖教《しょうぎょう》を見乱《みみだ》らせたまうまじく候《そうろう》。

大切《たいせつ》の証文《しょうもん》ども、少々《しょうしょう》抜《ぬ》き出《い》で参《まい》らせ候《そうろう》て、目安《めやす》にしてこの書《しょ》に添《そ》え参《まい》らせて候《そうろう》なり。

聖人《しょうにん》の常《つね》の仰《おお》せには、「弥陀《みだ》の五劫思惟《ごこうしゆい》の願《がん》をよくよく案《あん》ずれば、ひとえに親鸞一人《しんらんいちにん》が為《ため》なりけり、されば若干《そくばく》の業《ごう》をもちける身《み》にてありけるを、助《たす》けんと思《おぼ》し召《め》したちける本願《ほんがん》のかたじけなさよ」と御述懐候《ごじゅっかいそうら》いしことを、今《いま》また案《あん》ずるに、善導《ぜんどう》の「自身《じしん》はこれ現《げん》に罪悪生死《ざいあくしょうじ》の凡夫《ぼんぶ》、曠劫《こうごう》よりこのかた、常《つね》に沈《しず》み常《つね》に流転《るてん》して、出離《しゅつり》の縁《えん》あることなき身《み》と知《し》れ」という金言《きんげん》に、少《すこ》しも違《たが》わせおわしまさず。

さればかたじけなく、われらが御身《おんみ》にひきかけて、われらが身《み》の罪悪《ざいあく》の深《ふか》きほどをも知《し》らず、如来《にょらい》の御恩《ごおん》の高《たか》きことをも知《し》らずして迷《まよ》えるを、思《おも》い知《し》らせんが為《ため》にて候《そうら》いけり。

まことに如来《にょらい》の御恩《ごおん》ということをば沙汰《さた》なくして、我《われ》も人《ひと》も善《よ》し悪《あ》しということをのみ申《もう》しあえり。聖人《しょうにん》の仰《おお》せには、「善悪《ぜんあく》の二《ふた》つ、総《そう》じてもって存知《ぞんじ》せざるなり。そのゆえは、如来《にょらい》の御心《おんこころ》に善《よ》しと思《おぼ》し召《め》すほどに知《し》りとおしたらばこそ、善《よ》きを知《し》りたるにてもあらめ、如来《にょらい》の悪《あ》しと思《おぼ》し召《め》すほどに知《し》りとおしたらばこそ、悪《あ》しさを知《し》りたるにてもあらめど、煩悩具足《ぼんのうぐそく》の凡夫《ぼんぶ》・火宅無常《かたくむじょう》の世界《せかい》は、万《よろず》のこと皆《みな》もってそらごと・たわごと・真実《まこと》あることなきに、ただ念仏《ねんぶつ》のみぞまことにておわします」とこそ、仰《おお》せは候《そうら》いしか。

　まことに我《われ》も人《ひと》も空言《そらごと》をのみ申《もう》しあい候中《そうろうなか》に、一《ひと》つ痛《いた》ましきことの候《そうろう》なり。そのゆえは、念仏申《ねんぶつもう》すについて信心《しんじん》の趣《おもむき》をもたがいに問答《もんどう》し、人《ひと》にも言《い》い聞《き》かするとき、人《ひと》の口《くち》をふさぎ相論《そうろん》を絶《た》たんために、全《まった》く仰《おお》せにてなきことをも仰《おお》せとのみ申《もう》すこと、浅《あさ》ましく歎《なげ》き存《ぞん》じ候《そうろう》なり。この旨《むね》をよくよく思《おも》い解《と》き、心得《こころえ》らるべきことに候《そうろう》。

これさらに私《わたくし》の言葉《ことば》にあらずといえども、経釈《きょうしゃく》の行《ゆ》く路《じ》も知《し》らず、法文《ほうもん》の浅深《せんじん》を心得《こころえ》わけたることも候《そうら》わねば、定《さだ》めておかしきことにてこそ候《そうら》わめども、故親鸞聖人《こしんらんしょうにん》の仰《おお》せ言候《ごとそうら》いし趣《おもむき》、百分《ひゃくぶん》が一《ひと》つ、片端《かたはし》ばかりをも思《おも》い出《い》で参《まい》らせて書《か》き付《つ》け候《そうろう》なり。

悲《かな》しきかなや、幸《さいわ》いに念仏《ねんぶつ》しながら、直《じき》に報土《ほうど》に生《う》まれずして辺地《へんじ》に宿《やど》をとらんこと。一室《いっしつ》の行者《ぎょうじゃ》の中《なか》に信心《しんじん》異《こと》なることなからんために、泣《な》く泣《な》く筆《ふで》を染《そ》めてこれを記《しる》す。名《な》づけて歎《たん》異《に》抄《しょう》というべし。外見《がいけん》あるべからず。

後鳥羽院《ごとばいん》の御宇《ぎょう》、法然聖人《ほうねんしょうにん》、他力本願念仏宗《たりきほんがんねんぶつしゅう》を興行《こうぎょう》す。時《とき》に興福寺《こうふくじ》の僧侶《そうりょ》、敵奏《てきそう》の上《うえ》、御弟子中狼藉子細《おんでしちゅうろうぜきしさい》あるよし、無実《むじつ》の風聞《ふうぶん》によりて罪科《ざいか》に処《しょ》せらるる人数《にんずう》の事《こと》。

一《ひとつ》。法然聖人《ほうねんしょうにん》并《なら》びに御弟子《おんでし》七人《しちにん》流罪《るざい》、又御弟子《またおんでし》四人死罪《よにんしざい》に行《おこな》わるるなり。

聖人《しょうにん》は土佐国番田《とさのくにはた》という所《ところ》へ流罪《るざい》、罪名藤井元彦男《ざいみょうふじいのもとひこおとこ》と云々《うんぬん》、生年七十六歳《しょうねんしちじゅうろくさい》なり。

親鸞《しんらん》は越後国《えちごのくに》、罪名藤井善信《ざいみょうふじいのよしざね》と云々《うんぬん》、生年三十五歳《しょうねんさんじゅうごさい》なり。

浄聞房《じょうもんぼう》備後国《びんごのくに》、
澄西禅光房《ちょうさいぜんこうぼう》伯耆国《ほうきのくに》、
好覚房《こうかくぼう》伊豆国《いずのくに》、
行空法本房《ぎょうくうほうほんぼう》佐渡国《さどのくに》。
幸西成覚房《こうさいじょうかくぼう》・善恵房《ぜんえぼう》二人《ふたり》、同《おな》じく遠流《おんる》に定《さだ》まる。しかるに無動寺《むどうじ》の善題大僧正《ぜんだいだいそうじょう》、これを申《もう》しあずかると云々《うんぬん》。
遠流《おんる》の人々《ひとびと》已上八人《いじょうはちにん》なりと云々《うんぬん》。
死罪《しざい》に行《おこな》わるる人々《ひとびと》。
一番《いちばん》　西意善綽房《さいいぜんしゃくぼう》、

二番《にばん》　性願房《しょうがんぼう》、
三番《さんばん》　住蓮房《じゅうれんぼう》、
四番《しばん》　安楽房《あんらくぼう》。
二位法印尊長《にいほういんそんちょう》の沙汰《さた》なり。
親鸞僧儀《しんらんそうぎ》を改《あらた》めて俗名《ぞくみょう》を賜《たま》う、よって僧《そう》に非《あら》ず俗《ぞく》に非《あら》ず、然《しか》る間《あいだ》「禿《とく》」の字《じ》を以《もっ》て姓《しょう》と為《な》して奏聞《そうもん》を経《へ》られおわんぬ。
彼《か》の御申《おんもう》し状《じょう》、今《いま》に外記庁《げきちょう》に納《おさ》まると云々《うんぬん》。流罪以後《るざいいご》「愚禿親鸞《ぐとくしんらん》」と書《か》かしめ給《たま》うなり。

右《みぎ》この聖教《しょうぎょう》は、当流大事《とうりゅうだいじ》の聖教《しょうぎょう》たるなり。無宿善《むしゅくぜん》の機《き》に於《おい》ては左右《そう》無《な》く之《これ》を許《ゆる》すべからざるものなり。

釈蓮如《しゃくれんにょ》

監 修

高森 顕徹（たかもり けんてつ）

昭和４年、富山県生まれ。
龍谷大学卒業。
日本各地や海外で講演、執筆など。
著書『光に向かって100の花束』『歎異抄をひらく』など多数。

著 者

高森 光晴（たかもり みつはる）

昭和28年、富山県生まれ。
浄土真宗学院　学長。
国内、海外で、講演多数。

大見 滋紀（おおみ しげき）

昭和49年、東京都生まれ。
浄土真宗学院　上席講師。

桜のカラー写真　　提供：アマナイメージズ

歎異抄ってなんだろう

令和3年(2021)12月1日　第1刷発行
令和4年(2022)2月10日　第5刷発行

監修者　高森 顕徹

著　者　高森 光晴　大見 滋紀

発行所　株式会社 1万年堂出版

〒101-0052　東京都千代田区神田小川町2-4-20-5F
電話　03-3518-2126
FAX　03-3518-2127
https://www.10000nen.com/

印刷所　凸版印刷株式会社

ISBN978-4-86626-071-6　C0095

※次のような三部構成で、『歎異抄』の魅力を引き出しています。

第一部『歎異抄』の意訳

できるだけ原文の真意が伝わるように分かりやすい現代語訳を掲載しています。

第二部『歎異抄』の解説

これまであまり詳しく世に紹介されなかったり、大きな誤解を招いたりしている部分の解説を掲載しています。

第三部『歎異抄』の原文

『歎異抄』の原文を、すべて大きな文字で掲載しています。古今まれな名文を、声に出して読みたい時のテキストに最適です。

大反響！読者からのメッセージ

●熊本県　45歳・女性

入院中に、友人からいただきました。絶望の中、先を考える力がなくなった時に、読みました。不思議でした。本当の桜の花が心の中に見えました。何回か読むのをやめましたが、やっぱり読みました。するると、桜が咲きます。不思議。生きていることを感じています。

●千葉県　35歳・男性

宗教・宗派に関係なく、読める本だなと思いました。これから何度も読み返してみたいと思います。世の中、嫌な事件が多発していますが、人生の指南書として教育現場でも取り上げていってほしいものです。

●岐阜県　81歳・男性

『歎異抄』を、非常にわかりやすく解説されている。その根拠もあげられているので、よく納得できる。

今までの解説書は一体なんだったのだろうか？

親鸞聖人の花びら

教え、仏事、なぜなぜ問答

高森顕徹 著

桜《さくら》の巻《かん》　藤《ふじ》の巻《かん》

桜の巻

◎定価1,760円
（本体1,600円＋税10%）
四六判 上製　344ページ
ISBN978-4-925253-52-9

《主な問答》

- こんなに苦しいのに、なぜ、生きるの？
- 親鸞聖人は、どう教えられているのでしょうか。
- これも**運命**と、アキラメるしかないのでしょうか？

藤の巻

◎定価1,760円
（本体1,600円＋税10%）
四六判 上製　344ページ
ISBN978-4-925253-53-6

《主な問答》

- 親鸞聖人の教えられた**墓参り**の意義は？
- **葬式**や**法事**を盛大にすれば、亡き母の孝行になるの？
- 仏教を聞く目的は何でしょうか。

こちらから
試し読みが ▶
できます

オールカラー

仏教が分かる、116のQ&A

「ただ**念仏**さえ称えていれば、死んだら極楽へ往ける」と、本当に、親鸞聖人は教えられたのでしょうか。

お経を読んでもらうと、死んだ人のためになると、親鸞聖人は教えられたの？

不幸や災難がおきると、「**先祖の供養**をしないからだ」と言う人がありますが、本当でしょうか。

仏教の「無我」や「空」の真意は？

臨終に苦しんで死んだ母は、極楽へ往生しているの？

信心獲得したら、**煩悩**や**悪業**は、どうなるの？

念仏に三通りあるとは、どんなこと？

〈書・木村泰山〉

※仏教の言葉の書を多数掲載しています

「**他力本願**」の本当の意味は？

苦しくても自殺してはならない理由が、あるのでしょうか。

死ねば「私」は無になるの？「私」とは、一体、何なの？

「私が死んだら、賀茂川へ捨てて魚に与えよ」と、親鸞聖人が言われたのは、なぜ？

「不幸が続くのは名前が悪いからだ」と姓名判断で言われましたが、本当でしょうか。

地獄・極楽は、おとぎ話ではないの？

阿弥陀仏に救われたら、**大難**が**小難**になるといわれますが、本当でしょうか。

「**往生**」に、二通りの意味があるってどんなこと？

浄土真宗で、**絶対捨てねば助からぬ**といわれる「雑行・雑修・自力の心」とは、どんなもの？